22世紀の民主主義

選挙はアルゴリズムになり、
政治家はネコになる

成田悠輔

SB新書
586

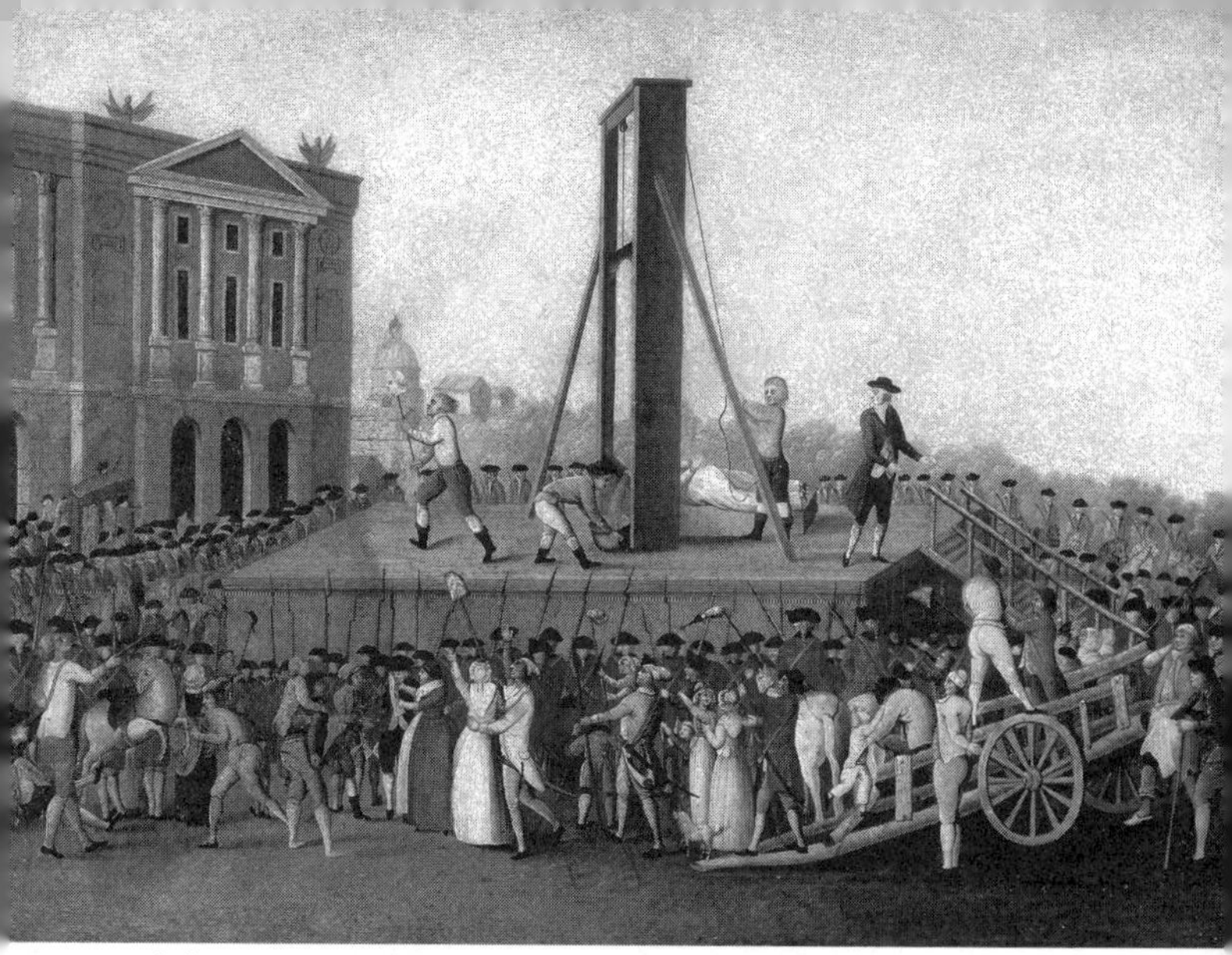

出典：Heritage Image Partnership Ltd. / Alamy Stock Photo

「生じるものはすべて、
滅びるに値しますからね」
ゲーテ『ファウスト』の悪魔メフィストフェレス

A. はじめに断言したいこと

分厚いねずみ色の雲が日本を覆《おお》っている。停滞と衰退の積乱雲だ。どうすれば打開できるのか？　政治だろう。どうすれば政治を変えられるのか？　選挙だろう。若者が選挙に行って世代交代を促し、政治の目を未来へと差し向けさせよう。選挙のたびにそんな話を聞く。

だが、断言する。**若者が選挙に行って「政治参加」したくらいでは何も変わらない**。今の日本人の平均年齢は48歳くらいで、30歳未満の人口は全体の26%。[*1]全有権者に占める30歳未満の有権者の割合は13・1%。21年の衆議院選挙における全投票者に占める30歳未満の投票者の割合にいたっては8・6%でしかない。[*2]若者は超超マイノリティである。若者の投票率が上がって60〜70代と同じくらい選挙に行くようになっても、今は超超マイノリティの若者が超マイノリティになるだけ。選挙で負けるマイノリティであることは変わらない。

若者自身の行動も追い打ちをかける。日本の若者の投票先は高齢者の投票先とほとんど変わらないという事実だ。20〜30代の自民党支持率は、60〜70代とほとんど同じかむしろ高い。[*3] ということは、若者たちが選挙に行ったところで選挙結果は変わらないし、政治家にプレッシャーを与えることもできない。[*4]

もっと言えば、今の日本の政治や社会は、若者の政治参加や選挙に行くといった生ぬるい行動で変わるような、そんな甘っちょろい状況にない。数十年びくともしない慢性の停滞と危機に陥っており、それをひっくり返すのは錆びついて沈みゆく昭和の豪華客船を水中から引き揚げるような大事業だ。

具体的には、若者しか投票・立候補できない選挙区を作り出すとか、若者が反乱を起こして一定以上の年齢の人から(被)選挙権を奪い取るといった革命である。あるいは、この国を諦めた若者が新しい独立国を建設する。そんな出来損ないの小説のような稲妻が炸裂《さくれつ》しないと、日本の政治や社会を覆う雲が晴れることはない[*5]。

私たちには悪い癖がある。今ある選挙や政治というゲームにどう参加してどうプレイするか?それればかり考えがちだという癖だ。だが、そう考えた時点で負けが決まっている。「若者よ選挙に行こう」といった広告キャンペーンに巻き込まれている時点で、老人たちの手のひらの上でファイティングポーズを取らされているだけだ、ということに気づかなければならない。

手のひらの上でいかに華麗に舞って、いかに考え抜いて選挙に行って、「#投票に行こう」とSNSに投稿したところで、今の選挙の仕組みで若者が超マイノリティである以上、結果は変わらない。ただの心のガス抜きだ。それを言ってはいけないと言われるけれど、事実なのでしょうがない。

これは冷笑ではない。もっと大事なことに目を向けようという呼びかけだ。何がもっと大事なのか？　選挙や政治、そして民主主義というゲームのルール自体をどう作り変えるか考えることだ。ルールを変えること、つまりちょっとした革命である。

革命を100とすれば、選挙に行くとか国会議員になるというのは、1とか5とかの焼け石に水程度。何も変えないことが約束されている。中途半端なガス抜きで問題をぼやけさせるくらいなら、部屋でカフェラテでも飲みながらゲームでもやっている方が楽しいし、コスパもいいいんじゃないかと思う。

革命か、ラテか？　究極の選択を助けるマニュアルがこの本である。

B. 要約

ほとんどの読者には馴染《なじ》みがないだろうけれど、学術論文にはだいたい要約・要旨（abstract）と呼ばれるものが付いてくる。「要は何を主張したり発見したり証明したりした論文なのか」を短くまとめたもの、つまりアンチョコやカンニングペーパーである。

この要約が好きだ。忙しい読者はそこだけ読めば要はどんな話なのかざっくりわかる。それをネタに飲み会やカフェでおしゃべりし、著者をディスることもできる。ということで、この本にもはじめに要約を付けてみたい。

とはいえ、要約はしょせん要約でしかない。この要約だけでは情報の密度が高すぎ、論理の展開が速すぎ、根拠がよくわからない断言が多すぎる。読者は置いてけぼりで「……?」という感じかもしれない。根拠や背景、詳細を与えるのが本体の役割になる。

ということで、この要約をできれば二回読んでほしい。一回は今すぐ本体を読む前、もう一回は本体を読んだ後だ。そうすることで、この本が何を主張しているのか、前からそして後ろからより立体的につかんでいただけるはずだ。さあ、はじめてみよう。

○□主義と□○主義

経済と言えば「資本主義」、政治と言えば「民主主義」。勝者を放置して徹底的に勝たせるのがうまい資本主義は、それゆえ格差と敗者も生み出してしまう。生まれてしまった弱者に声を与える仕組みが民主主義だ。暴れ馬・資本主義に民主主義という手綱を掛け合わせることで、世界の半分は営まれてきた。

二人三脚の片足・民主主義が、しかし、重症である。ネットを使って草の根グローバル民主主義の夢を実現するはずだった中東の多国民主化運動「アラブの春」は一瞬だけ火花を散らして挫折した。むしろネットが拡散する煽動《せんどう》やフェイクニュースや陰謀論が選挙を侵食。北南米や欧州でギャグのような暴言を連発するポピュリスト政治家が増殖し、芸人と政治家の境界があいまいになった。

故障

ただの印象論ではない。**今世紀に入ってからの20年強の経済を見ると、民主主義的な国ほど、経済成長が低迷しつづけている。**

平時だけではない。コロナ禍の20~21年にも、民主国家ほどコロナで人が亡くなり、経済の失墜も大きかった。08~09年のリーマンショックでも、危機に陥った国はことごとく民主国家だった。**「民主主義の失われた20年」**とでも呼ぶべき様相である。

なぜ民主国家は失敗するのか？　ヒントはネットやSNSの浸透とともに進んだ民主主義の「劣化」である。劣化を象徴するヘイトスピーチやポピュリズム的政治言動、政治的イデオロギーの分断（二極化）などを見てみよう。すると、**そうした民主主義の劣化が今世紀に入ってから世界的に進んでいること、そしてその劣化の加速度が特に速いのが民主国家である**ことがわかった。

加速する劣化と連動して、民主国家の経済も閉鎖的で近視眼的になってきた。民主国家ほど未来に向けた資本投資が鈍り、自国第一主義的貿易政策が強まって輸出も輸入も滞っている。これらの要因が組み合わさって民主主義の失われた20年が引き起こされたようなのだ。そしてコロナ禍の2020年には、民主国家ほど網羅的で徹底した初期封じ込め政策を取り損ねた。有事の公衆衛生でも平時のマクロ経済でも、張るべきところに張れない今世紀の民主国家の煮え切らなさが浮かび上がってくる。

民主劣化とその経済的副作用は今世紀に入って目立ちはじめた。21世紀の何が民主主義をつまずかせているのか？　ウェブ・ソフトウェアビジネスの成長やウェブ上の情報拡散、金融危機、ウイルス感染など、21世紀の主成分には共通点がある。嵐の前の静けさのような助走や停滞があったあと、常人の直感を超えた速度と規模で反応が爆発することだ。

超人的な速さと大きさで解決すべき課題が降ってきては爆発する現在の世界では、凡人の日常感覚（＝世論）に忖度《そんたく》しなければならない民主主義はズッコケるしかないのかもしれない。

闘争

では、重症の民主主義が再生するために何が必要なのだろうか？　三つの処方箋が考えられる。⑴民主主義との闘争、⑵民主主義からの逃走、そして⑶まだ見ぬ民主主義の構想だ。

闘争は、民主主義と愚直に向き合い、調整や改良によって呪いを解こうとする生真面目な営みだ。政治家の注意を目の前の内向き世論だけでなく長い目で見た成果へと振り向けるため、たとえばＧＤＰや平等・幸福度などの成果指標に紐づけた政治家への再選保証や成果報酬を導入するのはどうだろう。

政治家の直面するインセンティブを改造する「ガバメント・ガバナンス（政府の統治）」案に加え、**選挙制度の再デザインの提案**も数多い。オンライン投票やアプリ投票はもちろん、世代間格差を乗り越えるための政治家や有権者への任期や定年。「世代別選挙区」や各投票者があとどれくらい長く生きそうかで票を重みづける「余命投票」の導入も考えられる。

若者に限らず無視されがちなマイノリティ・少数派の声を汲み取る企てもある。政治家の男女別定数や、政党や政治家ではなく政策論点ごとに投票を行って自分にとって大事な論点に多くの票を割りふることを許す液体民主主義などだ。

とはいえ、実現可能性は心許ない。既存の選挙で勝って地位を築いた現職政治家がこうした選挙制度改革を行いたくなるだろうか？　無理そうなのは明らかだ。

逃走

そう考えると、民主主義との闘争ははじめから詰んでいるかもしれない。だとしたら、いっそ闘争は諦め、民主主義から逃走してしまうのはどうだろう？

タックス・ヘイブンへの資産隠しなど、国家からの逃走は一部ではすでに日常である。そして思い出してほしい。今や民主主義も、失敗に次ぐ失敗を市民に課す政治的税にも見えることを。だとすれば、タックス・ヘイブンがあるように政治的デモクラシー・ヘイブンもありえるのではないか？

既存の国家を諦めデモクラシー難民となった個人や企業を、独立国家・都市群が誘致したり選抜したりする世界。独自の政治制度を試す新国家群が企業のように競争し、政治制度を商品やサービスのように資本主義化した世界だ。

過激な妄想だと思われるかもしれない。だが、そのような試みが実は進行中である。たとえば、どの国も支配していない地球最後のフロンティア・公海の特性を逆手に取って、公海を漂う新国家群を作ろうという企てがある。お気に入りの政治制度を実験する海上国家やデジタル国家に、億万長者たちから逃げ出す未来も遠くないかもしれない。

21世紀後半、資産家たちは海上・海底・上空・宇宙・メタバースなどに消え、民主主義という失敗装置から解き放たれた「成功者の成功者による成功者のための国家」を作り上げてしまうかもしれない。選挙や民主主義は、情弱な貧者の国のみに残る、懐かしく微笑ましい非効率と非合理のシンボルでしかなくなるかもしれない。私たちが憫笑《びんしょう》する田舎町の寄り合いのように。そんな民主主義からの逃走こそ、フランス革命・ロシア革命に次ぐ21世紀の政治経済革命の大本命だろう。

構想

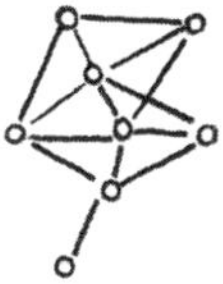

だが、逃走はどこまでいっても逃走でしかない。民主主義に絶望して選民たちの楽園に逃げ出す資産家たちは、民主主義に内在する問題を解決しはしないからだ。では、どうすれば逃走と闘争し、民主主義の再生をはかれるだろうか？　求められるのは、民主主義を瀕死に追いやった今日の世界環境を踏まえた民主主義の再発明である。

そんな構想として考えたいのが「無意識データ民主主義」だ。インターネットや監視カメラが捉える会議や街中・家の中での言葉、表情やリアクション、心拍数や安眠度合い……選挙に限らない無数のデータ源から人々の自然で本音な意見や価値観、民意が染《し》み出している。「あの政策はいい」「うわぁ嫌いだ……」といった声や表情からなる民意データだ。個々の民意データ源は歪みを孕《はら》んでハックにさらされているが、無数の民意データ源を足し合わせることで歪みを打ち消しあえる。民意が立体的に見えてくる。

無数の民意データ源から意思決定を行うのはアルゴリズム（編集注：問題を解決するための手順をコンピューターのプログラムとして実行可能な計算手続きにしたもの。検索エンジンからおすすめ表示までウェブ上のあらゆる場所で動いている）である。このアルゴリズムのデザインは、人々の民意データに加え、GDP・失業率・学力達成度・健康寿命・ウェルビーイングといった成果指標データを組み合わせた目的関数を最適化するように作られる。意思決定アルゴリズムのデザインは次の二段階からなる。

(1)まず民意データに基づいて、各政策領域・論点ごとに人々が何を大事だと思っているのか、どのような成果指標の組み合わせ・目的関数を最適化したいのかを発見する。「エビデンスに基づく目的発見（Evidence-Based Goal Making）」と言ってもいい。

(2) (1)で発見した目的関数・価値基準にしたがって最適な政策的意思決定を選ぶ。この段階はいわゆる「エビデンスに基づく政策立案」に近く、過去に様々な意思決定がどのような成果指標に繋がったのか、過去データを基に効果検証することで実行される。

この二段燃焼サイクルが各政策論点ごとに動く。したがって、

無意識民主主義＝
(1) エビデンスに基づく目的発見
＋
(2) エビデンスに基づく政策立案

と言える。こうして、選挙は民意を汲み取るための唯一究極の方法ではなく、(1)エビデンスに基づく目的発見で用いられる数あるデータ源の一つに格下げされる。

民主主義は人間が手動で投票所に赴いて意識的に実行するものではなく、自動で無意識的に実行されるものになっていく。人間はふだんはラテでも飲みながらゲームしていればよく、アルゴリズムの価値判断や推薦・選択がマズいときに介入して拒否することが人間の主な役割になる。人間政治家は徐々に滅び、市民の熱狂や怒りを受けとめるマスコットとしての政治家の役割はネコやゴキブリ、デジタル仮想人に置き換えられていく。

無意識民主主義は大衆の民意による意思決定（選挙民主主義）、少数のエリート選民による意思決定（知的専制主義）、そして情報・データによる意思決定（客観的最適化）の融合である。周縁から繁りはじめた無意識民主主義という雑草が、既得権益、中間組織、古い慣習の肥大化で身動きが取れなくなっている今の民主主義を枯らし、22世紀の民主主義に向けた土壌を肥やす。

無意識データ民主主義の構想はＳＦ（サイエンス・フィクション）ではない。ＳＦは、想像力の限りを尽くして、ありえる世界とありえない世界の境界に触れ、ありえることを押し広げる営みだ。浮世離れして現実に追いつかれないことが価値になる。

この本の試みはむしろ逆だ。近未来の浮世に接近してみたい。まだ人々の脳に染みついていないが、いったん語られてしまえば、つい腑に落ちてしまうこと。素直に受け入れられてしまうことが目標だ。「『あり得るべき事件』と正確な予測に限られる点で、自由奔放に想像力をはばたかせる空想科学小説（SF）とは本質的に異なる」[*6]無意識データ民主主義は構想というより予測である。

C. はじめに言い訳しておきたいこと

政治にも、政治家にも、選挙にも、興味が持てない

この本の目的は単純明快である。選挙や民主主義をどうデザインすればいいか考え直し、色々な改造案を示すこと。それに尽きる。

ただ、打ち明けておかなければならないことがある。政治にも、政治家にも、選挙にも、私はまるで興味が持てない。どうでもいい……そう感じてしまう。

お世辞にも絵になるとは言えないスーツ姿のおっさんの群れがピクミンのように溢れ出す風景[*7]。学級委員がそのまま老いたような中高年が原稿棒読みで語る美辞麗句。

その裏側で繰り広げられているらしい血みどろのアウトレイジ的権力闘争。議員や大臣という地位や権力・人心掌握《しょうあく》の飽くなき自己目的化。楽しく笑顔で生活したい人間は近寄らないに越したことがなさそうだ。

私は新聞も読まないしテレビもほとんど見ないが、政治（家）や選挙に関するニュースがたまたま目に入るたび、自分がまた一歩つまらなく古臭い人間になった気がしてしまう。ひょんなことから毎週エラい政治家と話す機会があるが、いつも辛い。動物園で珍しい動物を観察したくらいのノリでそっと退散してしまいたい。

そのことが、しかし、この本を書くきっかけになった。

私が、そして多くの人々も興味を持てないはずのバケモノが、社会の行く末を、そして生活のなりゆきを握っている。どんな大企業も、いや大企業であればあるほど、政府の規制や方針にビクビクして忖度している。大学も学校も、政府からの補助金がいつカットされるかと震え上がって官僚や政治家のケツを舐めるのに必死だ。気づけばシレッと政府に上げられている消費税や社会保険料で、手取り収入もどんどん寂しくなっている。海外旅行が上級国民だけに許される贅沢品になるまであと一歩だ。というか、もうなっているのかもしれない。

政治がなにやら大事だと頭ではわかる。だが、心がどうにも動かされない。政治やそれを縛る選挙や民主主義を、放っておいても考えたり動いたりしたくなるようにできないだろうか？　その難題に挑戦することがこの本の隠れた目的である。読者のためというより、正直自分のためである。そのために二つの戦略をとる。

(1)政治や選挙や民主主義をちょっと違った視点から眺めることで、考え直す楽しさや面白さを作り出すこと（「内」なる興奮を作り出す）

(2)政治や選挙や民主主義を通じて世の中をちょっとでも良い方向に変えられる

かもしれない。そんな予感を与えるため、選挙や**民主主義をどう改造してどう参加すればいいか、色々な方向に向かう戦略や構想を示す**こと（「外」からの報酬を作り出す）

この本は素人の妄想

もう一つ言い訳しなければならないことがある。**この本のテーマについて私は素人**だということだ。私は政治家でもなければ政治学者でもない。政治そのものについても、政治学や政治史についても、素人の部外者である。

だが、素人だからと見捨てないでほしい。『暴政』という30分もあれば読めてしまう小さな本がある。*8 ナチス・ドイツや戦前の日本など、20世紀の政治の暴走から学ぶ20の教訓を記した本だ。いくつか味わい深い教訓を抜粋してみよう。

4　シンボルに責任を持とう。

10　真実は存在すると信じよう。
11　自分で調べよう。
12　アイコンタクトと雑談を怠るな。
14　私生活はちゃんとしよう。
15　大義名分に寄付しよう。

ずいぶんと地味で身近である。こんなんで暴政と闘えるのかと心配になる。だが、ちょっと考えてみればこの生活感は当たり前である。「政治」と私たちが呼ぶ表舞台が海面に顔を出した氷山の一角であるとすれば、その下に隠れる巨大な氷山は無名で素人の個人たちの感情と生活だからだ。個人的なものこそ政治的である。

天下国家の政治や民主主義について考えるためにこそ、そこら素人の個人的感覚に立ち戻ることが欠かせない。制度や事実に詳しくないからこそ出てくる素朴な疑問や仮説、現場を知らずしがらみがないからこそ勝手きままに思い描ける想像が出汁《だし》になる。

夢見がちな素人感覚と、研究者としてちょっとは培ってきた推論力や分析力、そして様々な場所で触れた政治家の言葉や表情から得たインスピレーションを混ぜ合わせてみる。政治家や政治学者の本にはない謎の跳躍やアイデアをもたらせるか、実験してみたい。

政治家から見れば、現場から遊離した世間知らずの学者の妄想だろう。政治学者や法学者、歴史学者から見れば、穴やツッコミどころだらけで閉口する素人の雑な暴論だろう。事実誤認も残っているはずだ。

ぜひ嘲笑してほしい。この本が必要なくなるような分析や思考を専門家に展開してもらいたい。そして、実践者に政治の現場に落とし込んでもらいたい。そのための反面教師となって海の藻屑と消えられれば幸福だ。

最後に、**この本の内容が私独自の新しい見解だと主張するつもりはまったくない。**

独自性や新規性はほとんどどうでもよく、他人の考えも自分の発見も等しく部品として組み合わせ、未来に向けて走る自転車を作ってみたいという気分で書いてみた。私自身が新たに分析したり想像したり思考したりした情報もあれば、どこかの誰かが言ったり書いたりやったりしたことを意識してか無意識にか拝借したものもある。できるだけ参考文献を引用したが、不十分だろう。「それは私の（あるいは誰それの）言ったことだ」と思われたら、たぶんその通りだ。ありがとうございます。

逆に、この本の内容を再利用したい場合はジャンジャンやってしまってほしい。私に連絡する必要も名前を記す必要もない。切り抜くなりパクるなりリミックスするなり自由にしてほしい。自分のシマや功績が増えることより、世界や政治がちょっとでも変わることの方が楽しいからだ。

22世紀の民主主義●目次

第1章 故障

第2章　闘争

政治家をいじる 96

メディアをいじる 100

選挙をいじる 105

第3章 逃走

第1章

故障

問い

「民主主義は最悪の政治形態である。これまでに試みられてきた民主主義以外のあらゆる政治形態を除けば」

無駄に有名なチャーチルのこの名言は今でも正しいだろうか？　今日本や世界の民主国家はどんな持病を抱えているだろうか？

表1：アホみたいに単純化した2つの「主義」

資本主義	民主主義
強者・異常値駆動	弱者・中央値駆動
排除と占有	包摂と共存
一一票	一人一票
富める者が ますます富む	バカも天才も 同じ人間だもの
「成長」	「分配」

○□主義と□○主義

人類を突き動かすのは主義（ism）である。経済と言えば「資本主義」、政治と言えば「民主主義」。嵐の前の静けさかと思うほどかつてない安全と豊かさの泡に包まれた欧米や日本にここ半世紀ほどの間に生まれた者にとって、子どもの頃から何千回と聞かされて、もはや犬も食わない合言葉だろう。二つを抱き合わせて民主資本主義（democratic capitalism）や市場民主主義（market democracy）と呼ぶことも多い。

だが、ちょっと考えるとこの提携は奇妙である。ふんわりと言って、資本主義は強者が閉じていく仕組み、民主主義は弱者に開かれていく仕組みだからだ（表1）。

ざっくりと言って、資本主義経済では少数の賢い強者が作り出した事業がマスから資源を吸い上げる。事業やそこから生まれた利益を私的所有権で囲い込み、資本市場の複利の力を利かせて貧者を置いてけぼりにする。戦争や疫病、革命がなければ、富める者がますます富む。平時の資本主義のこの経験則を描いたものにはピケティ『21世紀の資本』[*1]からシャイデル『暴力と不平等の人類史』[*2]まで枚挙にいとまがない。そんな強者や異常値に駆動される仕組みが資本主義だ。

民主主義はその逆である。そもそも民主主義とは何か？　民主主義（democracy）の語源はギリシア語のdēmokratíaで、「民衆」や「人民」などを意味するdêmosと、「権力」や「支配」などを意味するkrátosを組み合わせたものだという。[*3]「人民権力」「民衆支配」といった意味になる。

民衆支配は様々な部品からなる。一つは、異質な考えや利害を持つ人々や組織が政治に参入でき、互いに競争したり交渉したり妥協したりしながら過剰な権力集中を抑制する仕組みだ。これを象徴するのが執行/行政府（政府）・立法府（国会）・司法府（最高裁）や無数の監視機関への権限の分散だ。もう一つの部品が選挙になる。自由で公正な普通選挙を通じて有権者の意思（民意）が政策決定者を縛ることで、民衆が支配する。横から監視し、下から突き上げる諸力が憲法に規定され、簡単にはその仕組みが解除できない状態になっているのが民主主義の典型的な形だ。

どんな天才もバカも、ビリオネアも無職パラサイトも、選挙で与えられるのは同じ一票。情弱でも貧乏でも「だってそう思うんだもん」で一発逆転を起こせるのが民主主義の強みであり弱みである。平均値や中央値が大事になる。その結果、たとえば年金生活者が投票者のほぼ半数を占める今の日本で民主主義をやると、[*4] 老人っぽい好みへの忖度が物事を突き動かしていくように見える。白髪染めやカツラの通販が妙に多いお昼のテレビ番組と似ている。

逆行して足を引っ張り合うように見える民主主義と資本主義。なぜ水と油を混ぜるのだろう？

人類は世の初めから気づいていた。人の能力や運や資源がおぞましく不平等なこと。そして厄介なことに、技術や知識や事業の革新局面においてこそ不平等が大活躍すること。したがって過激な不平等を否定するなら、それは進歩と繁栄を否定し、技術革新を否定する、仮想現実に等しいことを。

何らかの科学技術の開発にちょっとでも携わったことのある者なら知っているように、最高品質の研究者やエンジニアの創造性と生産性は凡人１０００人分を飛び越える。

実直な資本主義的市場競争は、能力や運や資源の格差をさらなる格差に変換する。そんな世界は、つらい。そこに富める者がますます富む複利の魔力が組み合わされば、格差は時間とともに深まる一方で、ますますつらい。このつらさを忘れるために人が引っ張り出してきた鎮痛剤が、凡人に開かれた民主主義なのだろう。[*5]

これに近い見方は民主主義のはじまりからずっとある。たとえば、生まれたばかりの民主主義を観察したプラトンが書いた『国家』だ。[*6] 貧富の差が拡がりすぎると、貧乏人は金持ちに対する反乱を企てる。反乱に勝利した貧乏な大衆が支配権を握ったとき立ち上がる政治制度が民主国家だ。そしてプラトンは、こういう民主化は優秀者に支配された理想国家の堕落だと考えた。プラトンの師ソクラテスを死刑に処したのが民主国家だったことからもわかるように。

民主主義の建前めいた美しい理想主義的考え方は、したがって、凡人たちの嫉妬の正当化とも言える。近代民主主義の画期性は、甘い建前をただの建前に留めず、かといって建前を本音にするように人を洗脳する無理ゲーに挑むのでもなく、皆が合意したということになぜかなっている社会契約として、建前を既定のルールにしてしまった点にある。[*7]

暴れ馬・資本主義をなだめる民主主義という手綱

……その躁鬱《そううつ》的《てき》拮抗《きっこう》が普通選挙普及以後のここ数十年の民主社会の模式図だった。資本主義はパイの成長を担当し、民主主義は作られたパイの分配を担当しているとナイーブに整理してもいい。単純すぎるが、単純すぎる整理には単純すぎるがゆえのメリットがある。

もつれる二人三脚：民主主義というお荷物

しかし、躁鬱のバランスが崩れてただの躁になりかけている。**資本主義が加速する一方、民主主義が重症に見える**からだ。今世紀の政治は、勃興《ぼっこう》するインターネットやSNSを通じた草の根グローバル民主主義を夢見ながらはじまった。日本でも、2000年代にはインターネットを通じた多人数双方向コミュニケーションが直接民主主義の究極形を実現するといった希望に溢れた展望がよく語られた。

だが、現実は残酷だった。ネットを通じた民衆動員で夢を実現するはずだった中東民主化運動「アラブの春」は一瞬だけ火花を散らして挫折し逆流した。*8 むしろネットが拡散するフェイクニュースや陰謀論やヘイトスピーチが選挙を侵食し、北南米や欧州でポピュリスト政治家が増殖したと広く信じられている。[*9] トランプ前米大統領やブラジルのボルソナロ大統領などのお笑い芸人兼政治家たちが象徴だ。

民主主義の敗北に次ぐ敗北。21世紀の21年間が与える印象だ。『民主主義の死に方』『民主主義の壊れ方』『権威主義の魅惑：民主政治の黄昏』といった本が、ふだんは控え目な見出ししか付けたがらない一流学者たちによって次々と英語圏で出版されたこともこの印象を強めている。[*10]

実際、民主主義は後退（backsliding）している。今世紀に入ってから非民主化・専制化する方向に政治制度を変える国が増え、専制国・非民主国に住む人の方が多数派になっている。この傾向はこの5～10年さらに加速している。[*11]

今や民主主義は世界のお荷物なのだろうか？　それとも何かの偶然や、民主主義と

図1：民主国家ほど2001～19年の経済成長が低迷

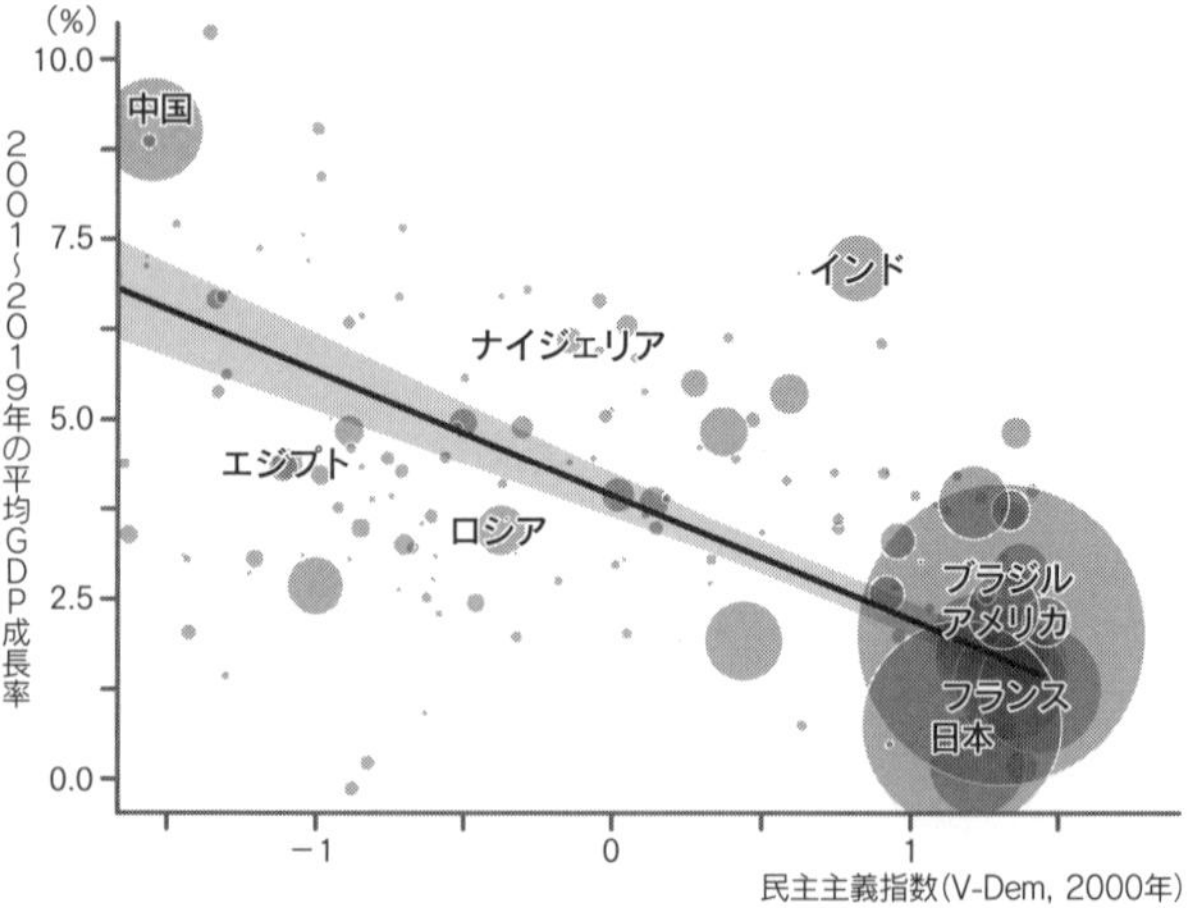

※円の大きさは2000年時点でのGDPの大きさを表す。太線は平均的関係を表す回帰直線で、灰色のバーは95%信頼区間を表す。民主主義指数の単位は標準偏差。「0」は民主主義度合いが平均的な国を表し、「1」は民主主義度合いが平均よりも1標準偏差（偏差値換算で10）分高い国を表す。

は別の要因の責任を民主主義に被らせているだけなのだろうか？

民主主義こそ21世紀の経済を悩ませる問題児であるようだ。私とイェール大学の大学生・須藤亜佑美さんが独自に行ったデータ分析の発見である。世論に耳を傾ける民主主義的な国ほど、今世紀に入ってから経済成長が低迷しつづけている（図1）。[12]

図1の横軸には、その国の政

治制度がどれくらい民主主義的かを表す「民主主義指数」をとった。スウェーデン発の「多種多様な民主主義（Varieties of Democracy、通称 V-Dem）」プロジェクトが作成したものだ。結社や表現の自由、公正な選挙などの項目を総合し指数化している。*13 一方、縦軸には2001〜19年の間の平均GDP成長率をとってみた。民主主義と経済成長の間に負の相関関係があり、民主国家ほど成長が鈍っていることがわかる。どの国を重視するかの重みづけを変えても、民主主義指数を他の機関が作成したものに変えたり、総GDPを一人当たりGDPに変えたりしても、結果はほとんど変わらない。*14

こういった話、つまり「世論に耳を傾ける民主主義的な国ほど今世紀の経済成長が鈍い」という話をすると、すぐに上から目線のお叱りやクソリプが飛んでくる。「見せかけの相関で小躍りするなこの低脳が！」という怒号だ。確かに、相関は因果ではなく、民主主義と経済成長の間に負の相関関係があるからといって、民主主義が経済停滞を生み出しているとは限らない。

しかし、さらに分析を行うことで、民主主義こそが失敗を引き起こしている原因だとわかってきた。図1で示した民主主義と経済成長の関係は、どうやらちゃんと因果関係でもあるようなのだ。ただ、その点を示す分析はちょっと専門的になる。マニアックな読者のために、サポートページ[*15]にその概要を入れておく。物好きな方は読んでみてほしい。

経済低迷のリーダーはもちろん我が国だが、日本だけではない。欧米や南米の民主国家のほとんども実は目くそ鼻くそで、地球全体から見ると経済が停滞している。逆に、非民主陣営の急成長は驚異的である。爆伸びのリーダーは隣国だが、これも中国だけではない。中国に限らず、東南アジア・中東・アフリカなどの非民主国家の躍進も目覚ましい。「民主世界の失われた20年」とでも言うべきこの現象は、中国と米国を分析から除いても、G7諸国を除いても成立するし、どの大陸・地域でも見られる。グローバルな現象である。

この「民主世界の失われた20年」にはすぐに疑問が湧くかもしれない。単に、すでに豊かな民主国家が成長期を終えてサチりつつあるだけではないかという疑問だ。

しかし、そうではない。たとえば、00年の時点では同じようなＧＤＰ水準だった民主国家と専制国家を比較してみる。すると、もともと同じくらい豊かな国々の間でも、民主国家ほど経済成長が鈍っていることがわかった。「すでに豊かな国の成長率が低いのは当たり前」というだけでは説明できない何かが起きているようなのだ。

ギャツビーの困惑、またはもう一つの失われた20年

さらに、「すでに豊かな国の成長率が低いのは当たり前」という一見もっともらしい説明も、実は思い込みである。１９６０〜90年代には、すでに豊かな民主国家の方が貧しい専制国と同じかより高い成長率を誇っていた。特に一人当たりＧＤＰ成長率を見てみると、１９９０年代までは、「すでに豊かな国ほど成長率も高い」という傾向があった。

「一つ確かなことがある。これ以上確かなことはないほどだ。富める者はますます富む。貧しい者に増やせるのは子供くらいさ」
（スコット・フィッツジェラルド『グレート・ギャッビー』）[*16]

優越感に満ちたギャツビーの言葉のような平時の資本主義の経験則が、20世紀までは通用していた。確かに、民主国家では法の支配が行き渡って財産権もちゃんと保障されている。その安心感があれば、偉い人や怖い人が突然出てきて財産を没収されるのを恐れず投資や事業に専念できる。結果として民主国家ほど経済成長が生まれるのももっともだ。この筋書き通りのことが前世紀までは起きていた。

この傾向が21世紀の入口前後のどこかで消失し、貧しい専制国が豊かな民主国家を猛追するようになった。政治制度と経済成長の関係が根本的に変質したことになる。この意味で、**民主主義の失われた20年は、20世紀には見られなかった、21世紀特有の現象**である。

かつて冷戦崩壊を目撃した政治学者フランシス・フクヤマは、民主主義と資本主義の結婚による「歴史の終わり」を1989年に宣言した。[17] 皮肉にも、その宣言が行われたまさにその頃から、民主主義と経済成長の二人三脚がもつれはじめたことになる。歴史の終わりは新しい歴史の始まりでしかなかったことになる。

フクヤマもそのことに無自覚ではない。確信犯的に単細胞的な「歴史の終わり」物語を流布した彼が20年後の2011年に出版した『政治の起源』には、もはや「歴史の終わり」の単純化された英雄的歴史観は見られない。[18] むしろより批判的で前向きに、(1)法の支配、(2)強い近代国家、(3)説明責任といった政治秩序の抽象的成分をどう配合することで望ましい政治秩序を作り出せるのかという問題が議論されている。

感染したのは民主主義：人命も経済も

悪いニュースは続く。20年にわたって病に蝕《むしば》まれてきた民主主義に、さらに一撃が加わった。コロナ禍である。自由の女神が見守るニューヨークで、コロナ死者の遺体が積み上げられた光景は記憶に新しい。

対照的だったのが、早々とコロナ封じ込めに成功し三密なパーティーに興じる中国の若者たちの姿だった。コロナ禍初期の米中の対比は「ウイルスにかかったのは民主主義」(「ニューヨーク・タイムズ」)かと思わせるほどだった。[*19]

ハリボテの素人劇かのような米国の失敗と中国の成功。これもまた民主主義の副作用なのだろうか? 私たちの分析をコロナ禍中のデータにも施してみた。すると、2020年に人命と経済を殺《あや》めた犯人もまた民主主義だと明らかになった。**民主国家ほどコロナで人が亡くなり、2019年から20年にかけての経済の失墜も大きかった**(図2Ⓐ)。

ここでは、横軸にふたたび各国の民主主義度合い、縦軸に2020年における人口100万人当たりのコロナ死者数をとってみた。民主主義とコロナ死者数の間に強い

図2(A):民主国家ほどコロナ禍初期に苦しんだ

民主主義度合い(横軸)と2020年の人口当たりコロナ死者数(縦軸)の関係

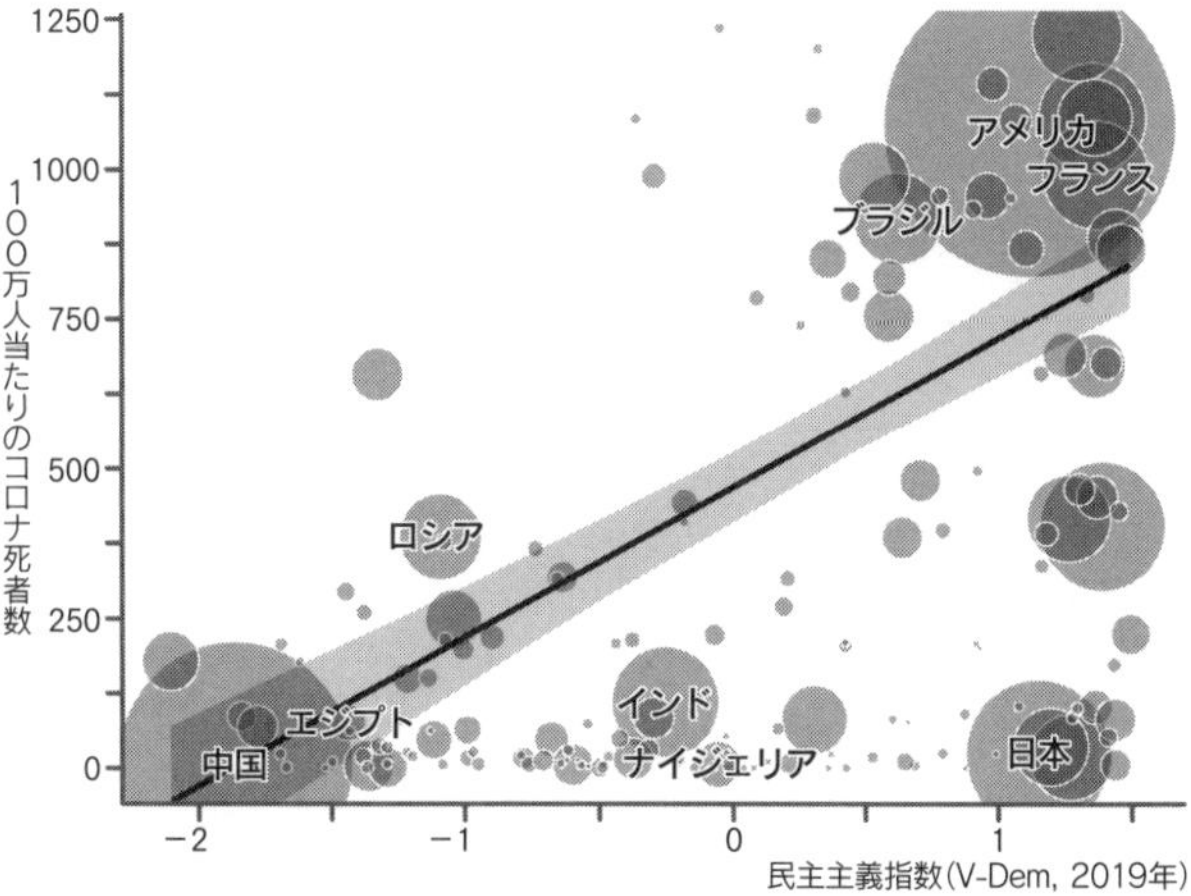

※円の大きさは2019年時点でのGDPの大きさを表す。太線は平均的関係を表す回帰直線を、灰色のバーは95%信頼区間を表す。

正の関係があることがわかる。アメリカ、フランス、ブラジルのように民主主義の代表格といえる国々は右上に位置し、コロナでズタボロになった。ブラジルに至っては大統領が「コロナワクチンを打つとワニに変身する恐れがある」と言って、国民にワクチンを打たないよう呼びかけたほどだ。[*20]

一方で、左下にある中国は、初期にコロナ封じ込めに成功した。さらに面白いのは、中東やアフリカなどの貴族主義的だったり軍事

図2(B):民主国家ほどコロナ禍初期に苦しんだ

民主主義度合い(横軸)と2019～20年のGDP成長率(縦軸)の関係

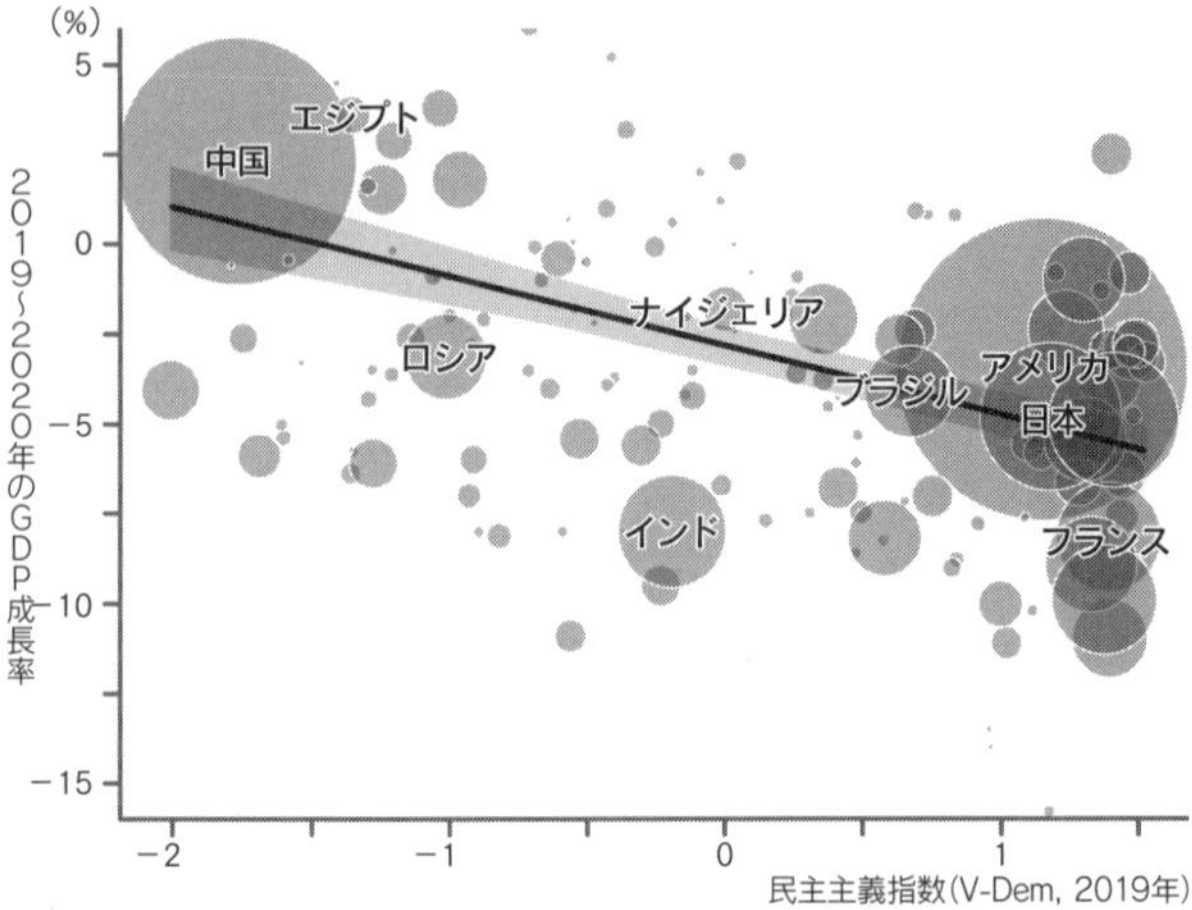

※円の大きさは2019年時点でのGDPの大きさを表す。太線は平均的関係を表す回帰直線を、灰色のバーは95%信頼区間を表す。

主義的だったりする非民主国も、コロナを抑え込めた場合が多いということだ。

ただ、これだけでは説得力が弱いだろう。専制国家の発表するコロナ死者数のデータは信頼性が低く操作されているかもしれないからだ。[*21] だが、似た民主主義の呪いは、実は経済についても成り立つ。縦軸に、コロナ死者数の代わりに2019～20年の経済成長率をとってみる。すると、民主主義と経済成長の間に、はっきりした負の関係が見受けられる（図2(B)）。コロナ禍前の2001～19年の平均GDP成長率との関係を見た図1と驚くくらい似た傾向だ。唯一の違いは、2001～19年の平時と比べた2019～20年のGDP成長率が、地球全体に5%ほど低いことである。日本もコロナ死者数では健闘していたが、コロナ禍中のGDP成長率ではアメリカやブラジルよりひどい状況で、欧州諸国と同じぐらいダメージを受けた。2020年のGDP成長率はマイナス4・5%ほどで、過去数十年の経済成長が、一年で一気に吹き飛んだ格好だ。

民主主義的な国ほど命も金も失った。そして、コロナ禍初期における民主国家の失敗もまた、民主主義が原因で引き起こされたものだと示すことができる。このことは、**コロナ禍初期によく議論された「人命か経済か」という二者択一（トレードオフ）の議論がおそらく的外れなことも意味する。**現実には人命も経済も救えた国と、人命も経済も殺してしまった国があるだけだったのだ。

衆愚論の誘惑を超えて

なぜ民主主義は失敗するのか？　2019年まで欧州委員会の委員長だったジャン＝クロード・ユンケルはささやいたことがある。「何をすべきか政治家はわかってるんだ。すべきことをしたら再選できないこともね」[*22]。何をすべきかわかっていないバカな有権者が民主主義を蝕んでいるというこの観念が、亡霊のように世界の半分を覆っている。太古から私たちを悩ませてきた衆愚論の亡霊だ。

だが、ちょっと慎重になろう。衆愚論だけでは実は説明になっていない。すでに述べたように、20世紀の後半までは、民主国家の方が早く豊かになり、豊かになったあとも高い経済成長率を誇っていた。実際、中世から20世紀までの数百年間の経済成長には民主主義的な政治制度がいい影響を与えたことを示す様々な研究がある[*23]。乳幼児死亡率などの公衆衛生指標に対しても、民主主義的な政治制度（特に公正な選挙の導入）が歴史的にいい影響を与えてきたことが示されている。公正な選挙があると政治家が社会的弱者のニーズに敏感になるように仕向けられ、結果として多くの市民の公衆衛生が改善するという説明だ。[*24]

20世紀までのこの経験則を考えると、もともと富んでいた民主国家の経済が今世紀に入って停滞しはじめたのには、衆愚論を超えた理由があるはずだ。「大衆はバカだから」を超えた今世紀固有の民主主義の失速の理由だ。真の理由を炙り出すため、まず民主主義の失われた20年がどんな時代だったかを振り返ってみよう（58ページ図3）。

21世紀の追憶

民主主義の失われた20年がはじまった2000年前後は、偶然か必然か、世界経済を牛耳ることになる独占ITプラットフォーム企業が勃興した時期と重なる。アマゾンの創業が1994年、グーグルが誕生したのは1998年だ。日本でも、ライブドア（オン・ザ・エッヂ）やヤフージャパンの創業が1996年、楽天（エム・ディー・エム）の創業が1997年、NTTドコモのiモードの立ち上げが1999年、LINE（ハンゲームジャパン）の創業が2000年だ。

図3：民主vs.非民主国家の経済成長の変遷

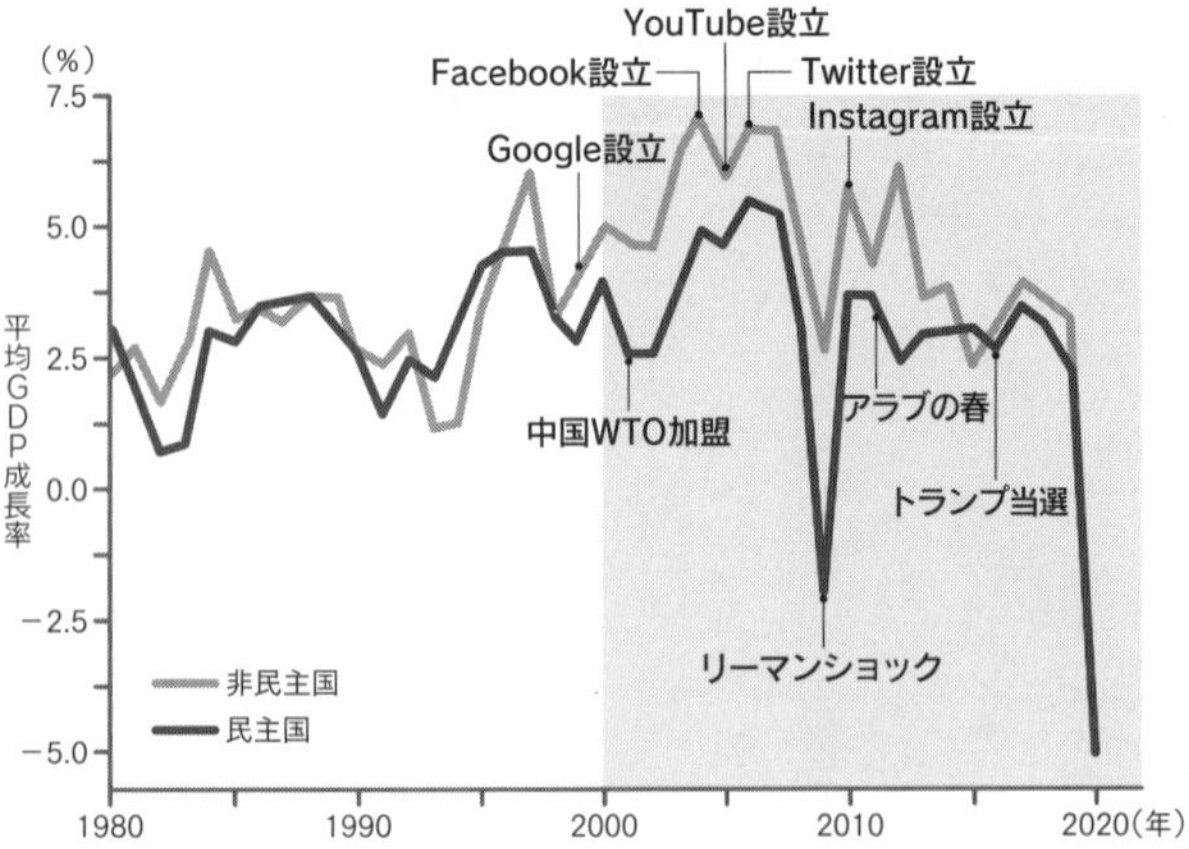

その直後に同じくらい重大な、しかしあまり目立たない出来事が起きている。もう一つのその後のスーパーパワー中国のWTO（世界貿易機関）加盟である。一見すると地味なこの出来事は、しかし、世界経済に強烈な衝撃を与えたと考えられている。

ここ20年でアメリカの製造業が失墜して数百万人以上が失業した。その大きな部分は中国のWTO加盟とその後の中国貿易の爆増によって説明されるという研究がある。[*25] 中国のWTO加盟が象徴する「中国ショック」が、アメリカでかつて製造業労働者たちが形作っていた「中産階級」から職を奪い、格差と分断を拡大、結果として2016年のトランプ大統領誕生の遠因になったと示している研究さえあるほどだ。[*26]

中国の影響力爆増と並行して、ITプラットフォーム企業の生態系も深化した。2005年頃には第二世代のFacebook、YouTube、Twitterなどの企業が生まれ、SNS・ソーシャルメディア革命が立ち上がった。日本でも、mixiがSNSを立ち上げたのが2004年、ニコニコ動画が立ち上がったのが2007年だ。mixiは2000年代後半に日本市場を独占したSNSで、当時は「mixiがある日本でFacebookが成立するはずがない」と真顔で語られた。

そして危機が襲う。2008年のリーマンショック（金融危機）の時期は、民主国家の経済的失敗が特に目立った年だ。経済的危機に陥った国はことごとく民主国家で、民主vs.非民主国家の経済成長率の差が最も開いたのが2009年だった。

実はリーマンショックだけではない。過去200年間の世界中の国々を対象にした分析によると、民主国家ほど金融危機が起きやすい。[*27] 銀行の取り付け騒ぎや閉鎖・合併・国有化などの危機だ。様々な機関や世論がお互いに監視し合うせいで、対応が後手後手に回ることがその原因だという。

危機は続く。直後の2010年から起きた、アラブの春である。日本ではほとんど忘れられているが、インターネットや携帯・スマホを媒介にした中東・北アフリカの多国籍民主化運動で、世界的注目を浴びたものの1年足らずで見事に失敗。むしろ逆流して、専制政権の強化や内戦の勃発に終わってしまうという悲劇が起きた。

ネットと政治の化学反応はその後もさらに激化し、2016年のイギリスのEU離脱(Brexit)を決めた国民投票とトランプ大統領誕生で爆発する。そしてコロナ禍が訪れる。過去数十年間、これらの出来事の洗礼を浴びながら、民主国家は一貫して経済面で痙攣《けいれん》しつづけてきた。

代議制民主主義が緊急事態に弱いという観察は昔からされてきた。だが、ここまでの分析からわかるのは、民主主義の失われた20年はコロナ禍やリーマンショックのような非常時だけの現象ではないということだ。それ以外の通常時にも民主主義は痙攣しつづけてきた。有事にも平時にもだ。

「劣化」の解剖学：扇動・憎悪・分断・閉鎖

では、21世紀の最初の21年間の一体何が、民主国家を失速させたのだろうか？　先ほどの21世紀の回想とデータからヒントが浮かび上がってくる。**インターネットやSNSの浸透に伴って民主主義の「劣化」が起きた。閉鎖的で近視眼的になった民主国家では資本投資や輸出入などの未来と他者に開かれた経済の主電源が弱った**という構造だ。

「劣化」という言葉がメディアを踊るようになって久しい。「民主主義の劣化」「社会の劣化」……日本だけではない。欧米でも似た懸念がこだましている。成熟し豊かになった民主世界を覆う今世紀の中年の危機が「劣化」であるようだ。

だが、「民主主義の劣化」とは一体何なのか？　民主国家における表現や報道の自由が落ち込んだという懸念が語られることがある。そして、ここ20～30年の情報・コミュニケーション技術革命で、「民主主義」の中で起きる情報流通や議論・コミュニケーションが、大きく変わったと言われる。ざっくりと言えば、政治がウェブとSNSを通じて人々の声により早く、強く反応しやすくなった。そのことで、人々を扇動し、分断するような傾向が強まったという懸念である。

確かに、政治がテレビやSNS上のPVゲームにむしばまれ、無闇に過激化しているという印象は強い。象徴的なのは、トランプ元大統領や、南米やヨーロッパの「ミニ・トランプ」のようなリーダーたち。仮想敵を仕立てあげてこき下ろす言動や、非科学的だが胸躍る発信で大衆の耳目を集めると知名度が上がるので、選挙にも勝ってしまう。私自身も最近陰謀論コンテンツを毎日欠かさず読んでいて、陰謀論にかかる人の胸の高鳴りに共感してしまって困っている。

日本の国政は、良くも悪くも政党の影響が強く緩衝材になっているので諸外国ほど極端ではない。ただ、似た傾向は見られる。山本太郎が率いるれいわ新選組や立花孝志が率い、ホリエモンもなぜか政見放送に出現するNHK党などによる選挙・メディアハックがその典型だ（図4）。

図4：PV・視聴率ゲームとしての政治

直接選挙で有権者から直接選ばれる知事や首長もいい例だろう。テレビに出ては政敵や学者にひたすら罵詈雑言を放ちつづける橋下徹・元大阪市長・大阪府知事が最もいい例かもしれない。それ以外にも、小池

百合子・東京都知事や吉村洋文・大阪府知事などはコロナ禍中にちょっと過剰にも見える飲食店叩きやテレビハック、インフルエンサー・コラボをして、SNSやメディアで激しい賛否両論を作り出していた。

発言や指針が正しいかは二の次で、顔が映りつづけること、見出しになりつづけることが大切だ。もちろん、西村康稔・元内閣府特命担当大臣（新型コロナウイルス対策担当大臣）の「取引先の金融機関から飲食店に働きかけて」発言のように、いきすぎると炎上火ダルマになって崖下に落ちてしまうが……落下ギリギリのところまでどれだけ耳にこびりつく極端な発言をくり出しつづけられるか、政治家たちはチキンゲームに興じている。

とはいえ、これだけだと印象論やエピソードでしかない。お気持ちだけでなく実態を摑むため、データも見てみよう。先ほど分析した民主主義指数の開発もしている「多種多様な民主主義（V-Dem）」プロジェクトは、民主主義と専制主義の現状を様々な指標で定点観測するデータを世界中の国を横断して収集している。

V-Demのデータからわかったことがある。今世紀に入ったあたりから、民主主義の背骨をなす構成要素が崩れはじめているという事実だ。次のような民主主義への典型的脅威を考えよう。

(1) 政党や政治家によるポピュリスト的言動
(2) 政党や政治家によるヘイトスピーチ
(3) 政治的思想・イデオロギーの分断（二極化）
(4) 保護主義的政策による貿易の自由の制限

まず、これらすべての脅威が今世紀に入ってから世界的に高まっていることがわかった。この傾向は2010年以降、特に顕著である。面白いのは、**(1)〜(4)のような民主主義への脅威の高まりが、もともと民主主義的だった国で特に高まっている**ことだ。この点を示したのが68ページの図5だ。横軸に各国の民主主義度合いを、縦軸に各国における(1)〜(4)の過去20年間の変化（増分）を示した。二つの間にははっきり正の関係が見られる。

つまり、民主主義的な国であればあるほど民主主義への脅威が高まっている。この傾向はアメリカだけでなく民主国家全般に見られる。というか、アメリカは外れ値でもなんでもない平均的事例で、ドイツなど他の民主国家でこそより極端に民主主義の劣化傾向が見られる。古き良き民主国家の民主主義は確かに劣化しているようだ。[*28]

失敗の本質

政治が劣化しただけではない。民主国家における民主主義の劣化に連動して、民主国家における事業活動や経済政策にも変化が起きたことがわかった。

一つは、**2000年代に入ってから、民主国家ほど貿易の成長が鈍った**こと。自国第一主義で保護主義的な貿易政策がとられるようになったという先ほどの結果と整合的だ。

これを象徴するエピソードがトランプ元大統領の脅迫騒動だ。メキシコなど海外に製造拠点を移していたアメリカの自動車メーカーの経営陣を前に「工場をアメリカに戻せ、さもなければとんでもない関税を課してやるぞ」と迫った事件だ。*29 これは世界史の教科書にのりかねない極端な例だが、民主世界全般に輸出も輸入も成長が滞っていることがデータからわかってきた。

二つ目は、民主国家の企業ほど資本や設備への投資が伸び悩んでいることだ。短期の収益が優先され、未来を見据えた投資活動をしづらくなっているのかもしれない。あるいは、政治的イデオロギーの分断が高まってトランプのように極端な政策をかかげる政治家も増えたことで、将来の税制や貿易政策がどう変わるかわからず、投資や貿易におよび腰になってしまっているとも捉えられる。

図5:民主国家ほど民主主義の「劣化」が進んだ

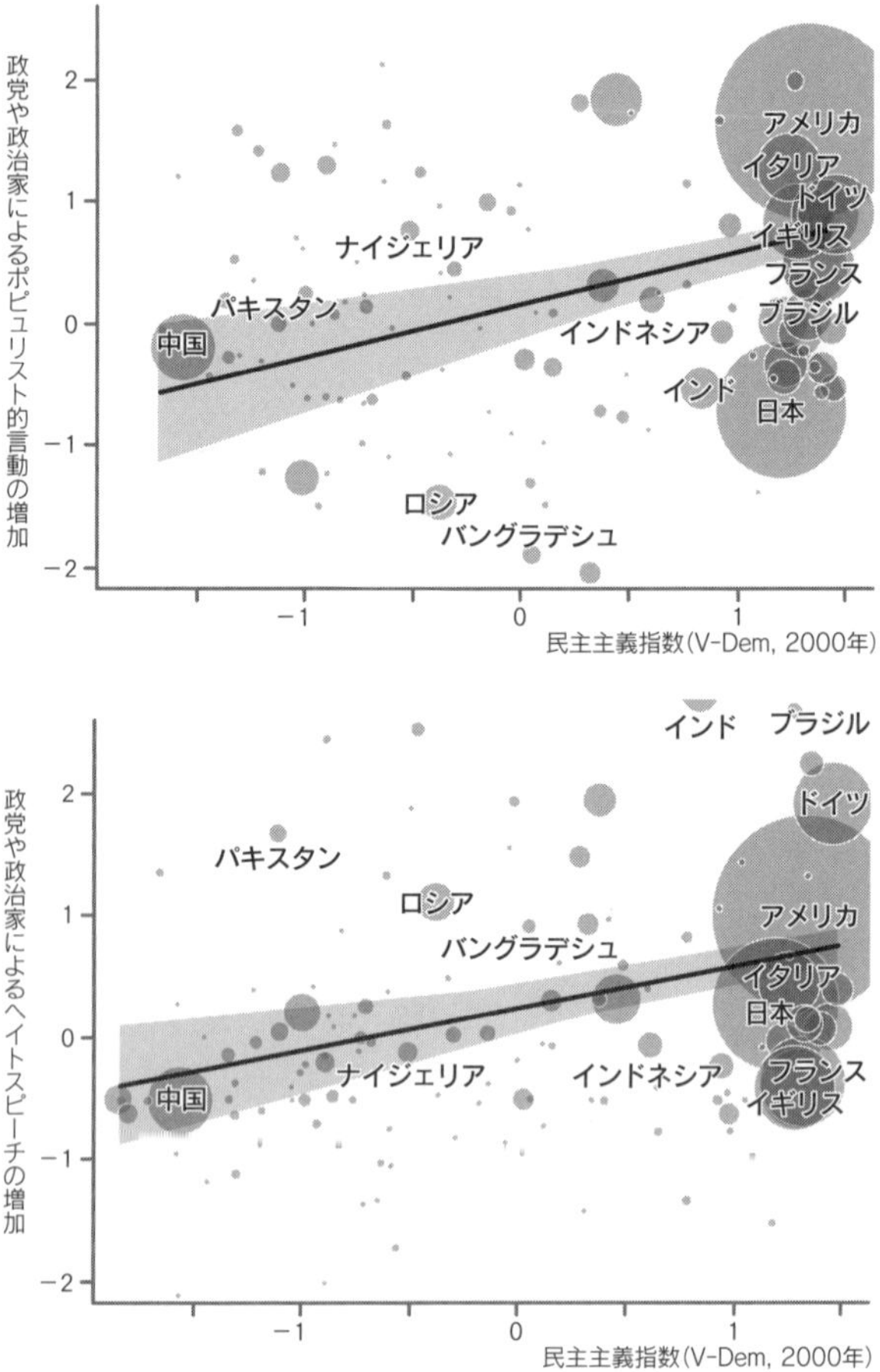
政党や政治家によるポピュリスト的言動の増加
2
1
0
−1
−2
アメリカ
イタリア
ドイツ
イギリス
フランス
ブラジル
ナイジェリア
パキスタン
中国
インドネシア
インド
日本
ロシア
バングラデシュ
−1
0
1
民主主義指数(V-Dem, 2000年)
政党や政治家によるヘイトスピーチの増加
2
1
0
−1
−2
インド
ブラジル
ドイツ
パキスタン
ロシア
アメリカ
バングラデシュ
イタリア
日本
ナイジェリア
インドネシア
フランス
中国
イギリス
−1
0
1
民主主義指数(V-Dem, 2000年)

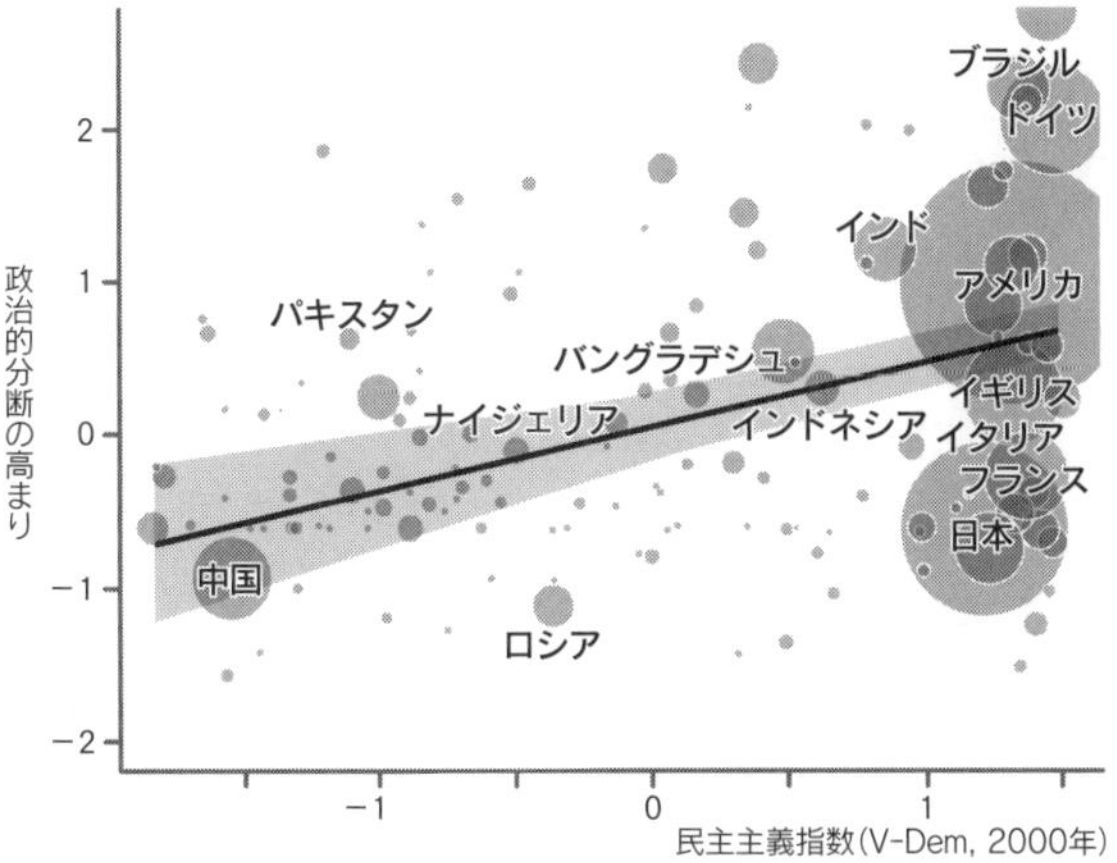

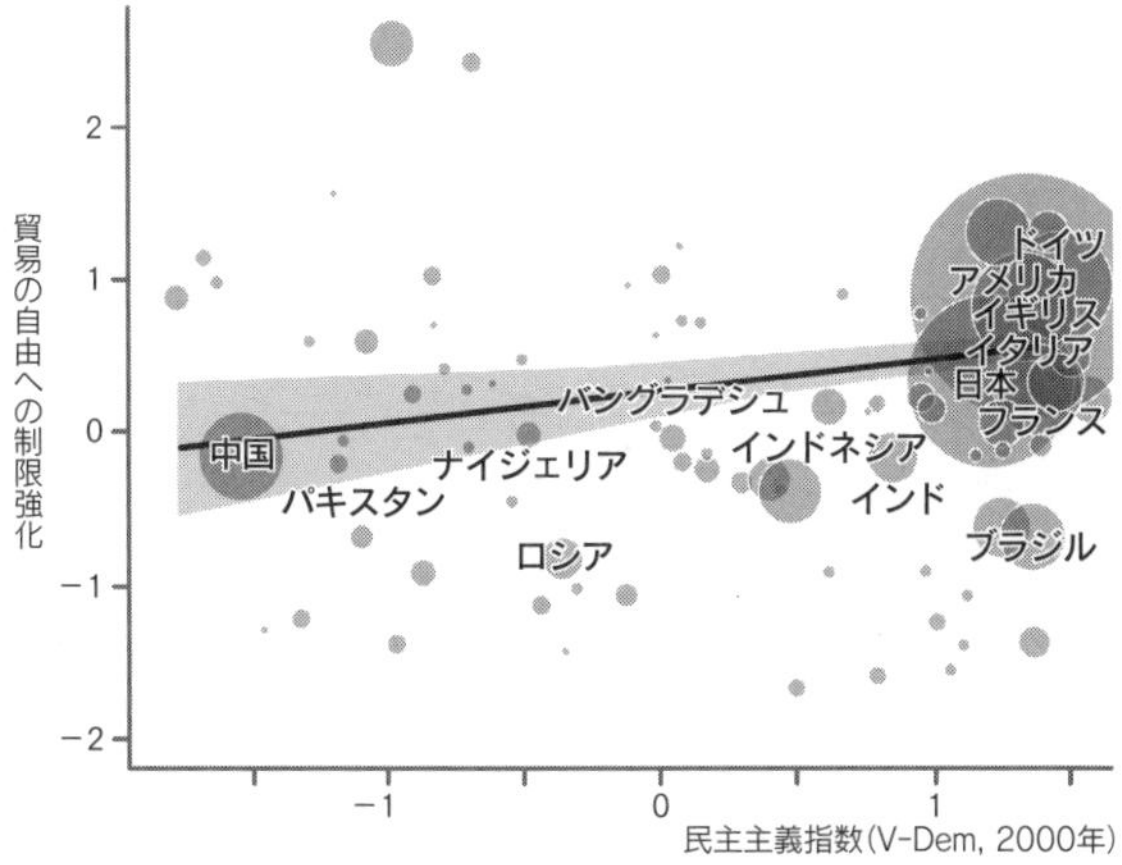

※縦軸・横軸ともに単位は標準偏差。「０」は縦軸の変化の度合いが平均的な国を表し、「１」は縦軸の変化の度合いが平均よりも１標準偏差（偏差値換算で10）分大きい国を表す。

図6：民主国家の経済停滞の解剖図

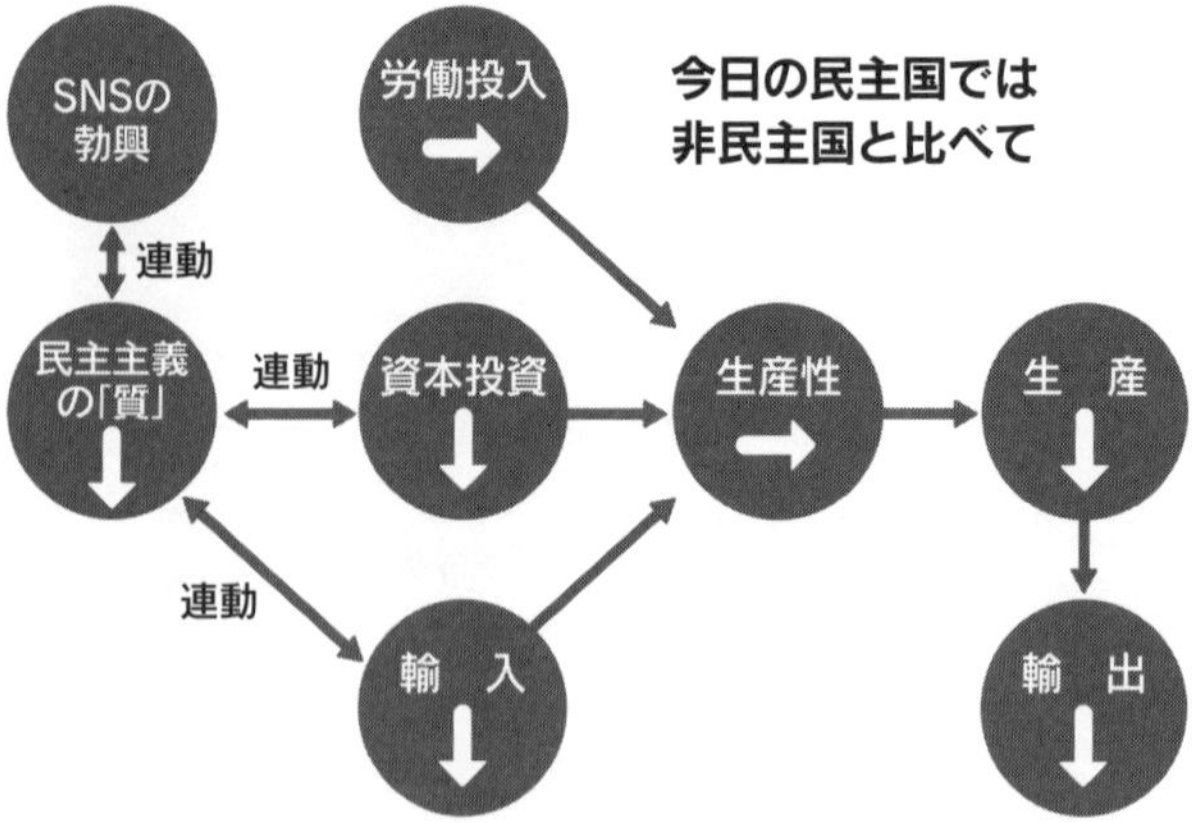

情報・コミュニケーション産業の興隆とともに劣化した民主主義が、民主国家に閉鎖的で近視眼的な空気を植えつけた。それに連動して、今世紀に入ってからの民主国家では投資も、輸出も、輸入も伸び悩んでいる。そして、民主国家では製造業でもサービス業でも生産性が停滞している。投資や輸入のような入力が鈍り、労働投入もそれらを出力に変換する際の生産性も上がっていない——それらの要因が折り重なって、民主国家における経済成長が停滞しているようなのだ（図6）。根っこにあるそんな構造が浮かび上がってくる。

コロナ禍の2020〜21年についてはどうだろうか？　経済の面でも、人命の面でも、民主国家がコロナ禍初期に失敗したことはすでに述べた。なぜか？　こちらの原因はさらに明確だ。民主国家ほど網羅的で徹底した封じ込め政策を取り損ねていたことが敗因だと様々なデータからわかってきた。

私たちの感覚ともなじむ結果だろう。たとえばビル・ゲイツは、2015年のTED講演で「次の世界大戦はウイルスとの戦争になる。そしてその戦争に向けた準備を人類はできていない」と語り、驚くほど高い解像度でコロナ禍のような感染症の混乱を予言していたことで有名だ。[*30]さらにオバマ政権からトランプ政権への引き継ぎの重要項目が、来るべき感染症危機だったことも公開情報になっている。[*31]

民主主義を象徴する世界一の大国の住民であり、世界で最も影響力のある経済人と政治家が具体的な提言をはるか以前からしていた。にもかかわらず、その警告をアメリカや他の民主国家はほぼ見事に無視してきた。

似た不感症はコロナ禍がはじまって以降も続いた。専制国家の封じ込め策を民主国家が直接真似るのは法的な権限からも難しい。だが、もっと局所的な成功例もあった。たとえば私の母校のマサチューセッツ工科大学（ＭＩＴ）などの大学や企業は、ただちに自前でＰＣＲ検査体制を整備し、食堂やカフェテリアをＰＣＲ検査場に転換、そこで得られた検査結果をＩＤシステムに紐づけることで、陰性証明がある関係者にだけ建物の扉が開くキャンパス中央集権管理体制を作り出した。結果として、キャンパス上の感染者数は低空飛行を続けた。[*32] こういった成功例が民間にあるにもかかわらず、それを自治体や政府主導で再現・拡大できた民主国家はほとんどなかった。

コロナ禍という危機を前にした多くの民主国家がどれくらいグダグダだったかを振り返るにつけ、立川談志のこんな言葉を思い出す。

「酒が人間をダメにするんじゃない。人間はもともとダメだということを教えてくれるものだ」

これと同じことが民主主義についても言える気さえしてくる。

「民主主義が人間をダメにするんじゃない。人間はもともとダメだということを教えてくれるものだ」

インターネットやSNSで過度に磨き込まれた民主主義という鏡を通して、世論という生き物を毛穴の奥まで政治が映し出すようになった。人間集団がいかに決断できず張り切れない存在かが民主国家で白日の下に晒《さら》された。それが2020年から21年にかけてのコロナ禍の教訓の一つかもしれない。

ただし、ワクチン普及以後の2021～22年にはだいぶ様相が変わってきたことにも注意しておきたい。多くの民主国家が高いワクチン接種率を達成した一方、初期に封じ込めに成功したがゆえにワクチン接種がなかなか進まなかった中国などの国では、感染者数や死者数が増えロックダウンの混乱が続いている。ある種の「イノベーターのジレンマ」が起きているとも言えるかもしれない。コロナ禍全体における民主主義の役割については、今から数年経ってマクロ経済と公衆衛生への最終的な影響のデータが出揃ってから結論を出すべきだろう。

速度と政治21：ソーシャルメディアによる変奏

平時でも、有事でも、張るべきところにすばやく張れない民主国家の煮え切らなさが浮かび上がってくる。もっと踏み込めば、ウイルス感染やインターネット・ソフトウェアビジネスの成長、金融危機、ウェブ上の情報拡散など、21世紀の主成分には共通点がある。常人の直感を超えた速度と規模で反応が爆発することだ。ユーザートラフィックの爆発のように良い爆発もあれば、感染爆発のように悪い爆発もある。こういう世界では、爆発が起きる「前に」徹底的な投資や対策で一時的に強烈な痛みや赤字を引き受けられるかどうかが成功の鍵になる。一見すると猛烈な浪費にも見える赤字や痛みに突っ込んでいくサイコパス性が必要になる。

凡人の日常感覚に抗してこうした痛みを引き受けるために人類が生み出したニッチが、ベンチャーキャピタル産業や緊急事態条項だ。こうしたニッチは、しかし、依然としてニッチでしかない。

「人類最大の発明は複利だ。知っている人は複利で稼ぎ、知らない人は利息を払う」

と言ったのはアインシュタインだと言われる。リボ払いの複利のように倍々ゲームでウイルスやフェイクニュースや誹謗中傷が社会を走り抜けるようになった。だが、先進国の人々が受ける義務教育は何十年もほとんど変化していない。結果、人類はどんどん「知らない人」になっている。

超人的な速さと大きさで解決すべき課題が降ってきては爆発する21世紀の世界では、凡人の日常感覚（＝世論）に忖度しなければならない民主主義はズッコケるしかないのかもしれない。[*33] **21世紀の現状を踏まえてソフトウェアアップデートした衆愚論**と言ってもいい。世界の半分が民主主義を通じて政治的税金・利息を金と命で払わされているかのようにも見える。

「小選挙区は仕事すると票減りますよ」

「小選挙区は仕事すると票減りますよ」。自民党の片山さつき・参議院議員と話したとき彼女がボソッと言った言葉だ。*34

確かに、選挙という絆で結ばれた有権者と代議士・政治家の二人三脚は脆《もろ》い。代議士や政治家は有権者に痛みを伴う即決即断や未来のための改革が苦手で、庶民の直感に反した専門家判断や技術的判断も敬遠しがちだからだ。

なぜほとんど誰も興味を持たない科学技術や高等教育に国が投資すべきなのか？　金融危機の発端で危機に陥った自業自得の金融機関をそれでも救った方がいいのはなぜなのか？　感染症流行初期には社会経済を強制終了してでもできるだけ早く封じ込

め策をすべきなのはなぜなのか？

こうした問いへの正しい答えがYESなのかNOなのかはわからない。だが、どちらが正解であれ、それがなぜ正解なのか説明するのはひどく難しい。効果が出るまで長い時間がかかったり、対策を怠ると問題が突然急に（指数関数的に）悪化したりする問題を平均的人間（＝有権者）が理解するのは難しい。難しいからこそ、その問題を考えるための科学や専門家が生まれたのだ。

「専門家」でさえ確たる正解や根拠は持っていないことが多い。ましてやテレビで30秒しか与えられず、中学生でもわかる言葉遣いで説明しなければならない政治家に視聴者の説得を求めるのは無理難題だろう。

一方で、目の前の景気対策や補助金なら、その場に札束を並べればすぐにその意味や効用を説明できる。説明しやすい政策に政治家が流れがちなのは、政治家がバカだからでも悪徳だからでもない。水が高きから低きに流れるがごとき自然現象である。この法則がネットとSNSで強化され、技術や社会の複雑さと加速度が増した今世紀にますます深刻になっている。民主主義の呪いの原因として出てきた「世論に監視された政治家は張るべきところに張れない、その傾向がネットとSNSで悪化している」問題である。

デマゴーゴス・ナチス・SNS

振り返ってみれば、数千年前の起源から一貫して、民主主義は不自然な思想であり奇妙な制度である。一体誰が、人の生活どころか生命さえ左右する致命的な決断を、どこの馬の骨ともしれない街頭の一般人アンケートに委ねようと思うだろう？　そして民主主義への絶望は人類の持病である。立憲民主運動が葬り去った封建領主や貴族の横暴はひどかった。しかし、民主主義が扉を開くマスの横暴がそれよりマシだと信じる理由も実は薄い。アリストテレスが紀元前に書いた『政治学』も言っている。[*35]「極端な民主制から（…）独裁制は生じる」。

そもそも民主主義が勃興したとされる紀元前の古代アテネ自体が民主主義の失敗の最初の事例である。今の国家や大都市と比べれば人口が少なかったアテネでは、18歳以上の男性市民は全員が民会と呼ばれる最高議決機関に参加でき、（成人男性に限られた）直接民主制が実現していた。

しかし、民主制導入を後押しした指導者ペリクレスが亡くなって以降、デマゴーゴスと呼ばれる扇動政治家たちが増殖した。デマという言葉の由来にもなった人々だ。デマゴーゴスの登場でアテネは衆愚政治に陥り、アリストテレスの師の師でもあったソクラテスを死刑に追いやった。扇動政治家によるポピュリズムという現在まで続く持病が発症し、アテネのポリス民主政治は崩壊した。

苦い起源からはじまる長い試行錯誤を経て、マスの懐に飛び込むことが政治の世界標準規格となったのはここ200年ほど、若く挑発的な現象である。若く初々しい実験だったはずの近代民主主義が、しかし、老いた。老いと未熟さのマリアージュが今日の民主主義の味わいであり、中年の危機である。

いくら理念が普遍的だとはいえ、今日私たちが民主主義と呼ぶものの運用は、数百年前の人々が構想した仕様に基づいている。中世の生活と技術の環境に合わせて作られたものだ。当時、ほとんどの人は生まれた土地で育ち、ただ生存するために驚くほど働きづめで、若くして死んだ。情報やコミュニケーションも遅く、内輪で、雲をつかむようだった。情報の伝達はうわさが中心、メディアと言えるものは立て看板やせいぜいたく品としての新聞や雑誌くらい、ニュースは数週間から数ヶ月遅れで届いた。

そんなのらりくらりで誤配だらけ、人も情報も流れない世界で民主主義は作られた。移動したり情報や意見を交換したりするコストも大きかったので、みんなで決まった日に決まった場所に集まって意見を提出してもらい、集計して発表するお祭りをやるのも自然な流れだったはずだ。選挙である。国や共同体としての一体感を醸造する酵母としてのお祭りだ。

しかし、150〜50年ほど前、ラジオやテレビなどのマスメディアが現れた。メディアはすぐに政治を侵食した。たとえばナチス・ドイツも、メディア戦略で成り上がった存在だ。第一次世界大戦と大恐慌を経た1930年前後のドイツでは、疲弊した経済と政治の救世主として共産党が人気を博していた。一方で、台頭する彼らを恐れる人々も増えていた。この状況を逆手に取ったのが、エリート政治家には程遠い地方政党に過ぎなかったナチスだと言われている。

たとえば共産党の党集会に乗り込んで乱闘を起こし、なんと共産党員を殺害する。すると、事件が新聞の1面に載ることになる。こうした騒動を繰り返されるうち、ナチスの名前が絶えず新聞に載る状況が生まれた。ナチスへの加入者もとてつもない勢いで伸びていったという。*36 現代の炎上商法そのものだ。

メディアと民主主義の化学反応はメディアそのものと同じくらい古く、百年前から様々な形で変奏されている。ただ、かつてはメディアが数少なく一方向マスメディアで、届く速度もたかが知れていた。メディアの力をフル活用できるのはごく一部、ナチスのような極端な野心家だけだった。

しかし今やメディアはソーシャル・パーソナルであり、リアルタイムであり、そしてグローバルである。あらゆる人がグローバルマスメディアを所有している今では、あらゆる政治家がポピュリストにならざるをえない。トランプのようにPV（Page View）が跳ねたポピュリストの声は、太陽の光のように年中無休で人類の頭上に降り注ぐ。技術進化で速度と規模を獲得したポピュリストの光が選挙と政治を焦がしている。

問題は、情報通信環境が一変したことそのものではない。それは人類の避けがたい進化だ。**本当に問題なのは、情報通信環境が激変したにもかかわらず、選挙の設計と運用がほとんど変化できていないこと**だ。ネット投票さえ無理で、投票は紙。「紙に注意！　紙はデータの墓場だ[*37]」。紙製の選挙と政治がポピュリストの太陽光の前に燃え尽きるのは偶然ではない。

偽善的リベラリズムと露悪的ポピュリズムのジェットコースター

人間は意識的に意見を捻《ひね》り出そうとすると、周りの声やその場の情動・情報などに流されてしまう動物だ。会議室で人に意見を求めると、当たり障りのないどこかで聞いたような話をするか、隣の人にあいづちを打つか、妙に逆張りしてみるかくらいしか反応が見られない。で、打ち上げに移ってひとしきりグッタリしたあたりから、みんな素直な自分の言葉で思いの丈を話し出す。問題なのは、そんなシャイで、その場をとりつくろってしまう人間の弱さが、マス・ソーシャルメディアによって集約され増幅され、そのまま選挙に吸収されてしまっていることだ。

そもそも選挙は、みんなの体と心が同期するお祭りなので、空気に身を任せる同調行動にうってつけである。数百年前であれば、同調は狭い村落内に閉じた内輪ウケでいてくれた。だが、メディアやメディアハッカーが存在する今では国や地球の規模に同調が伝播するようになった。さらに、生活や価値が分岐するにつれ政策論点も微細化して多様化しているのに、いまだに投票の対象はなぜか政治家・政党でしかない。

個々の政策論点に細かな声を発せられない。

こうした環境下では、政治家は単純明快で極端なキャラを作るしかなくなっていく。キャラの両極としての偽善的リベラリズムと露悪的ポピュリズムのジェットコースターで世界の政治が気絶状態である。

そして資本主義が独走する

民主主義が意識を失っている間に、手綱を失った資本主義は加速している。 ただの猿のイラストに六本木のタワマン以上の値段がつくNFT（Non-Fungible Token；代替できないトークン）。売上ゼロの会社が時価総額1兆円で株式上場するSPAC（Special Purpose Acquisition Company；特別買収目的会社）。身元不明者やヨレヨレのTシャツの若者がゼロから書いたコードに十年余りで時価総額数十兆円がついてしまう暗号通貨。すべてが資本主義になるかのような勢いだ。

第2章

闘争

問い

一人一票で本当にいいんだろうか？

選挙区は地域ごとに決めていていいんだろうか？

経営者は業績次第で報酬が変わるのが当たり前なのに、政治家の報酬は固定でいいんだろうか？

選挙やその周辺の仕組みをどう改造すればいいだろうか？

こうして、民主主義が重症である。もっとも、ロシアによるウクライナ侵攻やコロナ禍後期の上海のロックダウンの混沌などもあって、2022年春の時点では民主主義の危機は存在感を弱めている。人々の関心も薄い。この本も売れないに違いない。

だが、これがかりそめの鎮痛剤でしかないことを忘れてはならない。ロシアや中国などの独裁者や専制政権がオウンゴールでコケたからといって、民主諸国に内在する問題は何も解決していないからだ。敵陣営の自爆を笑っている暇があるなら、味方の装備と士気の緩みを立て直さなければならない。

闘争・逃走・構想

では、重症の民主主義が今世紀を生き延びるために何が必要なのだろうか？

答えが独裁・専制への回帰ではないことは、ロシアの自爆的侵略や中国社会・経済の何をされるかわからない感を見ても明らかだ。求められているのは今のままの民主主義でもなければ、反動としてのカリスマ／狂人依存の専制でもない。**民主vs.専制の聞き飽きた二項対立を超えた民主主義の次の姿への脱皮**だ。そんな脱皮を思い描くため、三つの処方箋を順に考えていく。**民主主義との闘争、民主主義からの逃走、そして新しい民主主義の構想だ。**闘争・逃走・構想を本章・次章・終章で順に見ていく。

第一の闘争は、民主主義の現状と愚直に向き合い、その問題と闘って呪いを解こうとする営みだ。現状の選挙に基づく民主主義の仕組みや考え方をそこそこ前提としながら、調整や改良を施していく方向と言ってもいい。だが、どのような調整や改善が求められるだろうか？

地道な問題解決を考えるには、問題を生み出している構造を思い出す必要がある。インターネットやSNSの浸透に伴って外国人・マイノリティへのヘイトスピーチなど民主主義の劣化が加速し、もともと内輪な村民たちのお祭りだった選挙がますます内輪なお祭りになったこと。それに連動して民主国家の政治や政策・経営が閉鎖的で近視眼的になり、未来への投資や外国・他者との貿易などの経済の主電源が弱ったこと。これが民主主義の失われた20年の原因だった。

であれば、呪いの線に沿ってメスを入れるのが生真面目な調整や改良への近道になりそうだ。ソーシャルメディア・選挙・政策の悪循環のどこかに楔《くさび》を打ち込む試みを考えていこう。

(1) 有権者の脳内同期や極論化を作る（ソーシャル）メディアに介入して除染する
(2) 有権者が政治家を選ぶ選挙のルールを未来と外部・他者に向かうよう修正する
(3) 選ばれた政治家が未来と外部・他者に向かって政策を行うインセンティブを作る

ただその前に、一つ忘れていたことがある。日本で民主主義の失われた20年を考えると、もう一つ国産の部品が付いてくることだ。その部品を思い出した上で(1)(2)(3)

の議論に入っていこう。

シルバー民主主義の絶望と妄想の間で

民主主義の呪いの主成分の一つは、民主国家の政治や政策が閉鎖的で近視眼的になっていることだった。そして、古代から嘆かれてきたように、遠くの成果よりも近くの世論に目を向けざるを得ないのは選挙にさらされる政治家の常である。この問題が特に深刻になってしまっているのが今日の日本だ。いわゆるシルバー民主主義が国全体を覆っているように見えるからだ。

かつて英国の宰相ウィンストン・チャーチルか誰かがこんな名言を放ったという。

「君が25歳で進歩派でないなら心に問題がある。35歳で保守派でないなら頭に問題がある」

確かに、若者と老人の価値観のズレは人間の常である。有名人の名言を取り上げるまでもなく、親や上司、ご近所さんの子どもを思い浮かべるだけで十分かもしれない。そして、世代間の衝突は人類の原動力でもある。歴史を塗り替えるのはいつも「若くて無名で貧乏」（毛沢東）なひよっ子だ。[*1] 老害への怒りとさげすみを胸に革命を起こした若者は、しかし、やがて自ら老害化し、次の世代に葬り去られる。私たちは「葬式のたびに進歩する」（ドイツの物理学者マックス・プランクの発言からくる英語の格言）というわけだ。

しかし、今世紀に入ったあたりから何やら雲行きが怪しい。若者の怒りが絶望に、そして脱力に変わりつつあるように感じる。老害を葬り去ってくれるはずの葬式がどんどんと先に延び延びになり、政治がゾンビ化した高齢者に占拠される。シルバー民主主義への絶望と脱力である。知り合いの国会議員から「自民党の青年局が『青年』の定義を『60』歳以下にすることを検討している」というホラーを聞いたことがあるが、政治家がゾンビ化した高齢者の象徴であるように見えることが、この脱力をさらに深めているように見える。

「シルバー民主主義」という言葉は日本独特の造語だが、似たような懸念はほかの国でも聞かれる。21世紀前半のうちには人類全体が高齢化し、人口が減りはじめると多くの人が予測しているからだ。

『からっぽになった地球（Empty Planet）』（邦訳『2050年 世界人口大減少』）は、21世紀半ばにも世界人口が減少するという予測を打ち出し賛否両論を呼んだ。[*2] ベストセラー『ファクトフルネス』に至っては、来るべき世界の人口減少があたかも正しい事実（ファクト）であるかのように扱っている。[*3]

人口減少と高齢化という新しい潮流が世代間対立という古い伝統に流れ込むとき、シルバー民主主義という荒々しい潮目が生まれるわけだ。

もっとも、老人がシルバー民主主義の犯人なのかは実はわからない。高齢な有権者が本当に「高齢者を優先させるべき」と考えているかどうかもわからない。この点について示唆深い研究がある。未来志向の社会制度を探る「フューチャーデザイン」と呼ばれる研究を行っているチームの実験では、まだ生まれていない未来世代の仮想的な代理人を設定し、未来の仮想代理人と現役世代や高齢者に次世代にまつわる政策を議論してもらった。すると、政策選択が未来志向に変わったという結果が出た。*4 高齢者が多いからといって、彼らが自分たちの世代のことしか考えていないとは限らない。意外に柔軟で話がわかるかもしれないのだ。*5

にもかかわらず、たとえば自民党の中核政治家たちの多くがシルバー民主主義的な傾向を持っているのは明らかに見える。2021年の自民党総裁選でいわゆるこども庁（こども家庭庁）の設立が議論に上がった際、高市早苗・衆議院議員が「こども庁を作るなら高齢者庁も作ってほしいという声もある」と真顔でお笑い発言したことなどがその象徴だ。*6 政治家は彼らの頭の中にいる高齢者「イメージ」に忖度しているのだろう。実際に高齢有権者が何を考えているかはわからない。だが高齢者に不利になりそうな政策を提言したり発言したりしても、リスクはあってもメリットはほとんどなさそうだ。そういう単純明快な忖度であり憶測だ。

逆に、麻生太郎・衆議院議員のように総理大臣までやった大資産家で恐れるものがない政治家はスッキリ言えてしまう。

「（高齢の自分が）政府の金で（高額医療を）やってもらっていると思うとますます寝覚めが悪い」「さっさと死ねるようにしてもらわないと」[*7]

だが、ほとんどの政治家は知名度も権力も資産も中途半端なただの人で、人から気に入られつづけなければ立場を保てない。その残念な現実がシルバー民主主義を生んでいる。一人ひとりの政治家のビビりこそが、シルバー民主主義の実態なのだろう。

こうして民主主義の呪いというグローバルな現象に、シルバー民主主義という国産の銀メッキが施される。

では、どうすれば銀メッキのかかった呪いと闘えるだろうか？　政治家の目を余生わずかな高齢者を中心とした世論（に関する脳内イメージ）から長期的成果へと誘導したい。特定の政治家の信念や良心に頼るだけではダメだ。たとえ信念や良心の欠けた政治家でも問題を解消できるような仕組みや制度を考えたい。

政治家をいじる

政治家への長期成果報酬年金

すぐに考えられる対策はこうだ。政治家の目を世論より成果へと振り向けるため、政策成果指標に紐づけた政治家への再選保証や成果報酬を導入するのはどうだろう。

政策領域に応じて様々な成果指標が考えられる。GDP、経済格差、子どもの貧困率、株価、失業率、インフレ率、学力達成度、健康寿命、幸福度やウェルビーイングなど。政策の効果が出るまでには数年から数十年かかることも普通なので、政治家が退任した後の未来の成果指標に応じて引退後の成果報酬年金を出すことも考えられる。

そんな成果報酬制度を、不完全にだが導入している国がある。シンガポールだ。シンガポール政府の大臣の給料はヘッジファンドマネージャーのように成果報酬型で、給与の平均30〜40％はGDPなどの指標の達成度に応じたボーナスになっている。具体的には、大臣の基本給は、国の高所得者トップ1000人の中央値から40％割り引いたもの。ボーナスは、所得中央値の成長率、所得下位20％の成長率、失業率、GDP成長率、といった多数の項目で決まるという徹底ぶりだ。

中央値や下位20％の所得を成果項目に組み込むことで、高所得者だけでなく典型的な労働者の所得が伸びることを意識するように大臣や政府が仕向けられることになる。*8 異質な成果項目をいくつも組み合わせることで、特定の成果指標だけに過度の注意が向かないようにする効果もありそうだ。

官僚の給料も同じく成果報酬型になっている。キャリア官僚の給与は民間と連動するようになっており、1990年代からは金融、法曹、多国籍企業の役員のトップ層と遜色《そんしょく》ないように調整する民間連動制を採用している。その結果か、官庁と民間との人の行き来も多い。政策・政治人材の流動性が高く、官僚出身で与党の人民行動党（People's Action Party）に入る人も多いという。

ガバメント・ガバナンス（政府統治）

こうした成果報酬は、業績に応じて乱高下するのが当たり前の企業の役員報酬やボーナスを思い起こさせる。成果に向けたインセンティブを与えるために、企業経営では当たり前に行われている企業統治（コーポレートガバナンス）。それを国家経営に持ち込もうという発想だ。「ガバメント・ガバナンス（政府統治）」の試みと言ってもいいかもしれない。官僚により競争的な給与を提示すると、より良い人材が官僚になりたがって高品質人材の応募が増えることを示した社会実験もある。*9

一方で、日本の大臣や国会議員、官僚の給料は基本的に成果によらずほとんど一定である。もちろん、すべてを成果報酬にすればいいという単純な話にはならない。防衛・安全保障や防災、教育などでは、数十年以上の時間軸でしか成果を測れない。他国の戦略・暴走や自然現象など、制御しようがない外部要因の影響も大きい。こういった政策領域については、中途半端な成果報酬の導入は使命感を削ぐなどむしろ害悪の方が大きいかもしれない。[*10]

成果報酬と相性がいいのは、大事な政策成果が誰の目にも明らかで、現実的な時間軸で計測可能な政策領域だろう。その場合にも、特定の短期成果指標に引っ張られすぎないよう、複数の成果指標を組み合わせてそこそこ複雑で長期にわたる成果指標を合成する必要がある。

その点でシンガポール政府の成果報酬には限界がある。短期的な成果指標しか用いていないからだ。成果報酬の支払いが数十年後の未来になる、年金・証券型の成果報酬設計も必要だろう。長期成果報酬年金が近視眼化した民主国家を変えられる可能性が問われている。[*11]

メディアをいじる

情報成分表示・コミュニケーション税

ガバメント・ガバナンス改革案は、しかし、氷山の一角にしか触れられない。ガバメント・ガバナンスが解決できるのは、すでに選ばれた政治家をどう政策成果に向けて誘導するかという問題である。逆に言えば、選ばれた政治家がカスではいくらガバナンスを整えたところで無駄骨になる。

では政治家を選ぶのは誰か？　もちろん有権者である。ということは、選挙で票を投じる有権者がダメではどうしようもない。入力がゴミでは、いくらこねくり回したところでゴミしか出力できない。

インターネットとSNSによって有権者の情報やコミュニケーションが攪乱《かくらん》され、民主主義の前提条件が民主国家でこそ劣化しているという、第1章「故障」の議論を思い出してほしい。この症状を生み出しているのは選挙・政治というお祭りとソーシャルメディアの化学反応である。

とすると、短期的に必要な療法は見えてくる。この化学反応を弱め、有権者への攪乱を抑える緩衝材を導入することだ。情報流通やコミュニケーションの速度を下げ、過激化・極端化を緩める政策や制度が必要になる。

いい比喩になるのが医薬品や食品だ。「万能薬を謳う薬が出回ったと思ったら実は毒だった」などの数々のイタタな経験を経て、人類はどんな医薬品や食品なら市場に出回っていいかを慎重に規制する制度群を作り出してきた。治験や成分表示、特定の医薬品や飲食物に対する課税などだ。スローフード運動やビーガン・ベジタリアン運動のような民間運動も含めていいかもしれない。

量への規制

同じような規制を情報・コミュニケーションに対して考えることができる。「人がどんな情報をどのように得るか」「誰と誰がどのようにコミュニケーションをするか」に対して健全性を保つための制約を入れる可能性だ。

まず考えられるのは**SNSなど公開ウェブでの同期コミュニケーションの速度・規模への制約**である。Twitterのように誰でも参加できる双方向多人数のリアルタイム公開コミュニケーションを、災害・テロなどの一部の領域を除いて、課税したり、禁止したり、規模・人数制限を入れたりする方向が考えられる。双方向の大規模リアルタイムコミュニケーションが熱狂や同調・過激化、つまり前章で見た民主主義の劣化の触媒になっているからだ。この方向は飲食でいうカロリー税・早食い税に近い。スローフード運動のコミュニケーション・情報版と言ってもいいかもしれない。

質への規制

将来的には、**コミュニケーション・情報の内容に応じた課税**も出てくるだろう。情報の質やフェイク度合いで規制するのが理想だが、難しい。現実的には、情報カテゴリーごとに税率を変えるようなデザインが考えられるだろう。飲食で言えば、酒税にはじまって塩砂糖税やソーダ税、ポテトチップス税などに対応する。YouTube の広告収益還元率がカテゴリーごとに違うのと似たイメージと言ってもいい。

SNSでのコミュニケーションはだいたい公開で無料という慣習は崩れ、適度に閉じてそこそこ課金・課税されるのが当たり前という風土に変わっていくかもしれない。

実際、表示・摂取されるニュースや情報の成分をバランスよく混ぜることで、反対勢力へのヘイトや政治的分断を和らげられることを示した Facebook 上の実験もある。[*12]

さらに、**出会ってコミュニケーションしても毒物化するだけだと予測される人同士**

は機械的に相互ブロック・ミュートを前提にするソーシャルメディア設計も考えられる。[*13]

こういった規制が、ジャンクすぎない情報をゆっくりと消化し、じっくりとコミュニケーションする、遅く健康なインターネットと有権者の脳内情報環境の整備につながるかもしれない。[*14]

もちろん、こうした情報成分規制やコミュニケーション税は表現の自由への介入と表裏一体である。不健康な介入を避けるには、情報・コミュニケーション規制のルールやアルゴリズムが公開されて批判や提案に晒されている必要がある。イーロン・マスクが2022年春に提案したTwitterの買収とコンテンツ表示アルゴリズムの透明化はこの方向への巨大な一歩になる可能性がある。[*15] 来るべき21世紀のデジタル立憲運動の芽ばえである。

選挙をいじる

政治家への定年や年齢上限

(ソーシャル)メディアへの介入と同時に考えなければならないのは、どう政治家を選ぶか、つまり選挙のデザインだ。有権者の脳内環境をどう除染したところで、彼らが投票して政治家を選ぶのは選挙という仕組みを通じてだからだ。

選挙制度の再デザインの提案も数多い。一番単純なのは、選挙権や被選挙権を再発明しようとするものだ。たとえば、政治家の任期や定年が有効かもしれない。政治や選挙に世代交代と新陳代謝を迫り、注意を未来へと向けるためだ。世代交代効果だけではない。すでに述べたように、選挙で世論におもねらなければならない政治家は構造的に弱い。だが、任期や定年の満了期で選挙で失うものがなくなった政治家は違う。もはや世論を気にせず、素朴に言うべきことを発言したり、すべきことを実行したりすることに集中できる。民主主義的に擬似専制を行える瞬間が生まれると言ってもいい。逆説的だが、終わりが人を自由にする。このような論理でフランスやアメリカなどの大統領の任期上限（と大統領令の組み合わせ）が正当化されることもある。

政治家への定年や年齢上限はいくつかの国では実現している。カナダでは、74歳以下の人しか国会議員（上院）に任命されることができない。ブータン・イラン・ソマリアなども似た年齢上限を導入している（表2）。おじいちゃん特戦隊に見える日本の自民党も、実は衆議院の比例代表に立候補できるのは73歳未満に限ると党内規で規定している。[*16] 牛歩並みの速度ではあるが、政治家の世代交代への仕組み作りはジリジリと立ち上がりつつある。

日本の有権者が政治家に何を望んでいるかを調べた分析でも、年齢が一定以上に

表2：政治家・有権者に定年を課す国々[*17]

国	対　象	年齢上限
イラン	被選挙権	75歳以下
ブータン	被選挙権	65歳以下
カナダ	任命の上限（上院議員）	74歳以下
ソマリア	任命の上限	75歳以下
ブラジル	選挙権	70歳以下は義務投票、71歳以上は義務投票ではなく任意投票
バチカン	選挙権	教皇選挙の投票権は79歳以下

なった政治家には有権者が懸念や忌避を持ちがちなことが示されている。[*18]政治家の定年は政党にとっても加齢臭を振り払う人気取りの策として機能するかもしれない。

有権者への定年や年齢上限

老いるのは政治家だけではない。誰しも、有権者も、老いる。とすれば、政治家への定年や任期を考えるなら有権者についても考えるのが自然だろう。選挙全体の脱皮と若返りのためだ。

とはいえ、選挙権に定年や年齢上限を設けるのは現実には難しそうである。憲法による年齢差別の禁止に加え、特に日本のような高齢国家で「老人から選挙権を取り上げよう」などと言えば炎上するのは必至だからだ。この本も炎上するのではないかと内心ビクビクしながら書いている。燃やすなら再起不能なところまで徹底的にお願いしたい。

だが、そう簡単に諦めてはダメだ。ちょっと頭をひねってみよう。うまく工夫すれば実質的に定年や年齢上限を設けることは可能かもしれない。

たとえばブラジルでは、70歳以下の有権者のみ投票が義務（罰則つき）になっていて、それ以上の年齢の有権者の投票は自由になっている（107ページ表2）。

この仕組みは高齢者から選挙権を取り上げているわけではない。だが、若い人が投票するインセンティブだけを強める仕組みである。そのため、高齢者の投票を妨害しているのと似た効果を持つことになる。「老人から選挙権を取り上げよう」は無理で

も「現役世代の投票に有形無形の報酬を加えよう」なら実現可能かもしれない。[*19]

大切だ。

未来の声を聞く選挙

選挙そのものの仕組み、つまり票を集計して勝者を決めるルールを考え直すことも大切だ。

選挙の様々な集計ルールの善し悪しを比べる研究分野は「社会選択理論」と呼ばれ、数百年にわたって応用数学者や理論政治学者・経済学者が取り組んできた。わかりやすい成果としては、広く使われている多数決には実は「票の割れに弱い」など多くの欠点があるという発見がある。多数決の欠点を乗り越える選挙制度も考案されてきた。[*20]

他にもシルバー民主主義や民主国家の近視眼化打開の手だてとしてよく持ち出される提案がある。若者の声をもっと反映する選挙の仕組みである。

たとえば「ある世代だけが投票できる世代別選挙区を作り出す」「投票者の平均余命で票を重みづける」「未成年など選挙権を持たない子の親に代理投票権を与える」などだ。[*21] 子の代理投票権を導入するかどうかはハンガリーの国会で正式に審議されるなど、これらのアイデアは社会科学的ＳＦを超えた現実味を帯びつつある。[*22]

これらのアイデアは世代を軸に若者というマイノリティの声を拾い上げようとする試みだ。だが、似たアイデアは他のマイノリティに対してもすぐに使い回せる。女性・少数民族・ＬＧＢＴだけが投票できる選挙区のような発想だ。

しかし、そのような未来志向でマイノリティ志向の選挙のやり方は、本当に選挙結果を変える力を持つのだろうか？

この問いに答えるため、ドナルド・トランプとヒラリー・クリントンが争った２０１６年の米大統領選で、「平均余命で票を重みづけていたなら、どんな結果が得られ

図7：平均余命で重みづけると大統領選の勝者がヒラリー・クリントンに

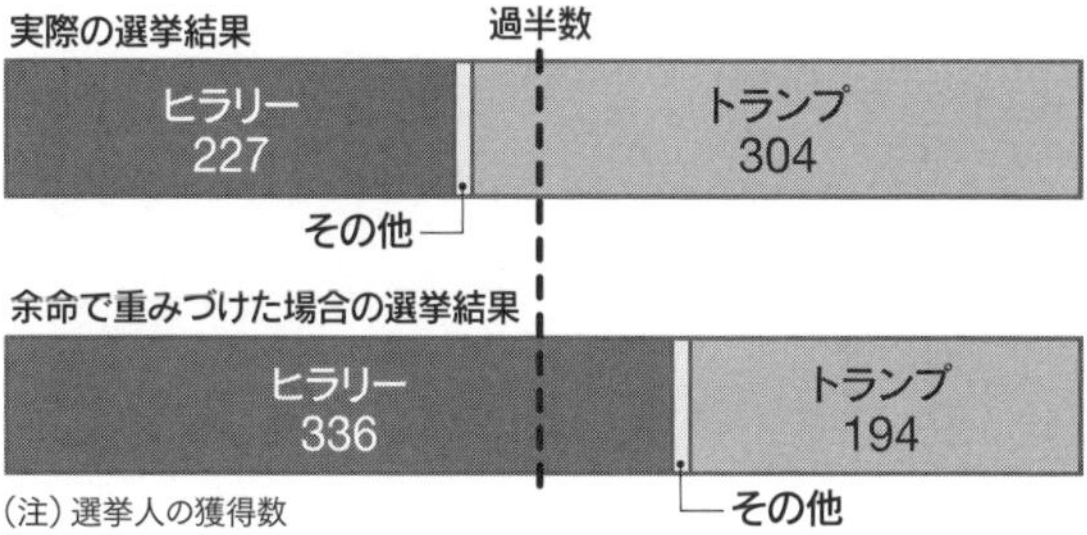

ていたか」をシミュレーションしてみた。[*23] 平均余命が長い若い人ほど、票数が多くカウントされる仕組みだ。

一言で言えば、**大統領選の結果がひっくり返った。「もし平均余命による票の重みづけが行われていたならば、大統領はヒラリー・クリントンになっていたはずだ」**というのが結論である。この結論を示した図7を見ると、平均余命による票の重みづけは、ヒラリー・クリントンの全国得票率を約43%（227選挙人票、図上）から約63%（336選挙人票、図下）へと押し上げていることがわかる。ヒラリーが悠々と過半数を超えている。

若者の、未来の声を聴く選挙の仕組みは、米国大統領選挙のような最重要選挙にも大きな変化をもたらしそうだ。実は同じく２０１６年に行われたイギリスのＥＵ離脱（Brexit）をめぐる国民投票についても似た分析を行える。もし平均余命による票の重みづけが行われていたなら、結果は逆転してＥＵ離脱は否決されていたはずだとする結果だ。[*24]

では、このような変化は「いい」ことなのだろうか。

ちょっと立ち止まって考えれば、すぐにある疑いが湧く。光陰矢のごとしで明日はわが身、今日の若者は明日の老人である。はるか彼方の未来、たとえば数百年後から見れば、せいぜい数十年しか違いのない今日の若者と老人の差など取るに足らないだろう。とすれば、誰かが「老害は切腹せよ！　打倒シルバー民主主義！　もっと若者の声を聴こう」と叫ぶとき、その人は遠くの未来は見ておらず、すぐそこの近くの未来ばかり見ていることになる。「（遠くの）未来を考えていないからこそ、（近くの）未来の声に耳を傾けるべきだと感じる」という逆説に至るのだ。

今の日本ではさらなる皮肉が折り重なる。「高齢者はダメ、老害は引退すべき」というのは確かにそうかもしれない。だが、じゃあ若者の意見を汲み取ればそれで良くなるのかというとおそらくそうではない。

まず、たとえば自民党支持率を見ると20代でも60代でも大差ない。むしろ20代の方が高いことが多いくらいなのはすでに述べた通りだ。日本の世代間政治対立は鈍い。アメリカでは若い世代ほどリベラルで民主党支持率が高い傾向がはっきりあるのと対照的だ。

さらに、もう一つ根深い問題がある。それは若者が貧乏になっていることだ。今の日本でお金と時間を持つのは高齢者だ。なので、彼らは「文化が」とか「国家が」とかフワフワしたことを考える時間も余裕もある。

それに比べ、今の日本の20代は本当に崖っぷちな状況だ。過半数の人が資産ゼロで貯金10万円以下、わずかな給料で自転車操業している状態だと考えられている。[*25] 体を壊してちょっと働けなくなったら一瞬で破綻する人が今の日本の若者の多数派になっている。この状態で遠い未来に向けた国家としての投資を考えろと言っても、無理がある。

高齢者も問題だが若者も問題になってしまっているのが今の日本の絶望的な現状だ。

そう考えると、本当に大事なのはいわゆるシルバー民主主義の撃退ではないのかもしれない。では何が真に大事なのか？　今日の若者と老人の差など些細なノイズとして吹き飛ばしてしまうような、はるか彼方の真の未来の声を政治に導入することだ。たとえば一部の人が大マジメに目指している不老不死によって、市民も政治家も未来永劫の先々まで意識するようになること。

それが無理なら、遠い未来の人類が何を必要としているかを予測し、遠い未来の成果報酬を現在の政治に織り込むこと。そんな妄想に向けた第一歩をこの本の最後に考えてみたい。

「選挙で決めれば、多数派が勝つに決まってるじゃないか」

ここまで、未来に追いやられたマイノリティとしての若者に光を当ててきた。だが、窓際に追いやられているマイノリティは若者だけではない。ひとり親や性的マイノリティ、そして名前やカテゴリーを与えられていない有形無形のマイノリティがいる。彼らマイノリティにとって切実な政策論点は締め出しを食らいがちだ。

典型的な例としては、LGBTなどマイノリティの権利問題がある。こういった問題はマイノリティの人々の生活には巨大な影響を与える一方で、マジョリティの人たちの生活にはほとんど影響を与えないものが多い。だとすると、切実なマイノリティの人たちの方がより大きな声を持つべきだと、素朴に考えるとそうなりそうだ。

にもかかわらず、今の選挙の仕組みでは、そのマイノリティ問題と、社会保障費や医療が同じ一つのパッケージにされて投票の対象にされてしまう。社会保障や医療について人々がどういう意見を持っているかがマイノリティ問題に直接波及してしまう。相対的に「重要でない」(=利害関係者の絶対数が少ない) 論点が押しつぶされてしまう。

「一括間接代議民主主義」の呪い

これは民主主義という理念一般の問題というより、代議者や政党にあらゆる政策・立法を委ねる「一括間接代議民主主義」とでも言うべき特定の選挙制度の問題だろう。外交安全保障から夫婦別姓問題、金融政策から不妊治療に至るまで、まったく異なる専門性と利害調整を求めるあらゆる政策を束ねて一人の政治家、一つの政党に投票する。考えてみれば不思議な習慣だ。

この制度下では、ひとり親や性的マイノリティのように明確な少数の当事者がいる問題についても、当事者以外の大して関係ないし知識も考える気もない大多数の人のノイズのような声が結果を決めてしまう。こうした一括間接民主制が支配的になったのはここ数百年のことだが、当時は細かく政策ごとに投票して集計することは不可能だったから、この方法にするしかなかったのだろう。

だが、今は環境が違う。政策ごとに有権者が意思表明することもできるし、その人にとって「重要じゃない」「よくわからない」と思われる政策に無駄な影響力を発揮しないように辞退したり、信頼できる人に票を委ねたりする仕組みも可能だろう。「ある政治家・政党に、すべてを任せる」という昭和な固定観念を考え直す必要がある。

政治家・政党から争点・イシューへ

こんな仕組みが考えられる。政治家や政党ごとに投票するのではなく、不妊治療の保険適用化や年金支給年齢の変更、ＬＧＢＴ法制といった個別の論点ごとに投票する。さらに、有権者それぞれにたとえば１００票を割り当てる。一人一票ではなく、「自分にとって大事な政策への投票には多くの票を投じられる」ようにする。信頼できる第三者に票を委任することを許すこともできる。

様々な論点の選挙群の中で、興味や利害に応じて有権者は重視しているものに多くの票を配分し、そうでないものは少なくする。そうすると、同性婚のような当事者性の強い政策は、より当事者の声を反映しやすくなりそうだ。ひとり親や性的マイノリティを支援する政策も、その政策に特に影響を受ける人々の声が支配的になり、当事者の実情にあった設計をしやすくなるかもしれない。

こうしたアイデアの細部のデザインには様々な形がありえる。「液体民主主義（Liquid Democracy）」「分人民主主義（Dividual Democracy; Divicracy）」や、「二次投票（Quadratic Voting）」といった提案が行われている。[*26] 欧米や台湾の一部の政党や自治体が意思決定をする際に、実験的に取り入れてもいる。様々な論点に対して国民投票のような直接投票を高頻度に小回りの利く形で行う試みも関係が深い。Facebook などはユーザーを対象にかねてからユーザー国民投票のような仕組みを実験している。いずれも「選挙によって民主主義を実現する」という既定路線は踏襲しながら、その実装の解像度や柔軟性を高めようという試みだ。

こうした論点・イシュー単位の選挙制度には疑問の声もある。確かに、政党や政治家のような代理人への投票は過度に単純化された制度で、政党・政治家は様々な論点にいっちょかみして自分の息のかかった関係者に利権や手柄を配って回る中抜きの温床かもしれない。しかし、悪いことばかりではない。政治家や政党がゴニョゴニョと交渉しながら、無数のイシューをある程度まとまったパッケージやマニフェストとして提示してくれるからこそ、私たち有権者はどうにか情報を処理して意思決定できるという反論だ。この疑問はもっともで、後ほど終章「構想」で深入りする。

先走っておけば、人間が全体像を把握して意思決定しなければならないという固定観念に囚われすぎている。意思決定を機械化・自動化して並列化すれば、パッケージ化やマニフェスト化の必要も薄れていく。そうすれば、「政策パッケージに単純化しなくちゃいけない」という制約が生み出している「マイノリティにとって切実な論点の窓際化」という問題も副作用少なく解決できる。

UI/UXをいじる

　ここまでは（被）選挙権や選挙制度そのものを外科手術することを考えてきた。だが、そんな抵抗が大きそうな大改革をせずとも、ちょっとした整形手術でも大きな変化を起こせるかもしれない。選挙を行うためのUI/UX（ユーザーインターフェースやユーザー体験）、たとえば投票に使われる用紙や装置の改良だ。

電子投票が子どもの健康を救う？

　こんな地味なエピソードがある。舞台は地球の裏側、ブラジルの投票装置改革である。1990年代半ば、ブラジル政府は州議会議員選挙の投票に用いられる装置を変更した。紙媒体のアナログ投票用紙からデジタル投票装置への変更だ。変更前の投票用紙では、投票者は投票したい候補者の名前を紙にペンで書くことが求められ、どのように記入すべきかの説明が文書のみで与えられていた。

しかし、この投票用紙が問題を生んでいた。当時のブラジルは識字率が低く、成人の数十％が簡単な文の読み書きもできない状態だった。そのため、読み書きのできない投票者は文章による投票方法の指示を理解できなかったり、誤読してしまったりといった問題が多発。大量の誤記や空白による無効票が生まれてしまっていた。特に深刻だったのは、意図せず無効票を投じてしまった人は識字率の低い、恵まれず貧しい世帯の有権者であることが多かったことだ。投票装置の設計により、恵まれない有権者の投票権が実質的に剥奪《はくだつ》されてしまっていたことになる。

この問題の解決を目指したのが、新たに導入された電子投票装置だ。新装置では、投票者は候補者の番号のみをボタンで入力し、表示される候補者の顔写真を確認するだけでよくなった。この変更により、読み書きができない人でも目で見て投票したい候補者を選べるようになった。投票のために言葉を操る必要がなくなり、バリアフリーになったのだ。

一見すると些細なこの変更が目覚ましい変化を生んだ。電子投票装置を使うことになった自治体では、有効投票の割合が11～12%も上がったという。[*27] さらに大事なのは、読み書きができない人が多い地域ほど、電子投票装置の導入で有効投票率が増えたことだ。電子投票装置は、選挙権を行使できていなかった低学歴・貧困層を中心とした市民に事実上の参政権を付与したことになる。

さらに驚くべきことに、困難を抱えた市民たちへの事実上の参政権付与が、その後の政策決定にまで波及効果を持ったこともわかっている。電子投票装置の導入により、州の予算に占める医療費の割合が増加、教育を受けていない母親のうち出産前通院を何度もした人の割合が大幅増加、さらに低体重児の出生も大幅減少するという効果があったという。このような医療制度は、貧困世帯にとって特にメリットが大きい。この点を考えると、電子投票装置による貧困世帯への事実上の参政権付与により、政治家たちが貧困世帯の声をより強く反映するようになったことが示唆される。**投票装置の電子化のように、恵まれない家庭でも投票しやすくする一見些細なUI／UX変更だけで、政治は変わりうる**のである。

今の日本も実はちょっと似た問題を抱えている。日本の国政選挙は投票用紙に候補者や政党の名前を手書きする方式を今でも採用している。ブラジルの旧投票用紙と同じく、同姓同名や似た名前を区別できず投票先を判別できないことがよく発生する。立憲民主党と国民民主党が共存しているため、「民主党」と書かれた票はどちらを指すのかわからず、二つの党に適当に振り分けられることになるといった問題だ。日本語が苦手だったり、障がいや怪我があったりする読み書きが苦手な有権者に厳しい仕組みである。

こういった地味にダメなUI／UXを変えていくだけでも、意外に選挙や政治は変わりえる。UI／UXに埋め込まれたマイノリティや弱者への無言のヘイトを取り除き、彼らを支えて未来へ繋ぐ政策への圧力を増せるかもしれないからだ。

ネット投票の希望と絶望

ところで、選挙や投票のインターフェース改革と言うと、よく話題に上がるのがネット投票やアプリ投票だ。ネットを利用した投票は、特に若年層の投票率を上げるために導入が叫ばれることが多い。だが、**これまでの研究ではネット投票が投票率に与える効果は実はよくわかっていない。**スイスでネット投票を導入した自治体としなかった自治体の前後変化を比較した研究は、ネット投票は投票率に影響がなかったことを示している。*28 カナダやブラジルのデータを用いた研究でも、ネット投票による投票率の上昇はせいぜい数％程度。*29

ネット投票というと若者の投票率が上がりそうなイメージだが、そう単純ではない。2005年からネット投票が実現しているエストニアでは、むしろ高齢者の投票率の方が上がったことが知られている。足腰が悪いなどの身体的な問題や交通の不便さのせいで投票に行けなかった人たちが、どこからでも投票できるようになったからだ。こう見ていくと、インターネット投票は若者の投票率低迷を打開する打ち出の小槌にはなりえないのかもしれない。効果があるはずだという神頼みだけでなく、本当に効果があるのかの証拠を先入観を持たずに眺めることが肝心だ。

実現（不）可能性の壁、そして選挙の病を選挙で治そうとする矛盾

ここまで様々な選挙制度改革案を議論してきた。だが、どうすれば改革を実現できるのだろうか？　実現可能性を考えはじめると心許ない。（被）選挙権や選挙制度を変えたければ選挙（投票）が必要で、選挙に勝ったものしか選挙制度を変えることはできない。既存の選挙制度で勝つことで今の地位を築いた現職政治家がなぜこうした改革を行いたい気分になれるのか、無理そうな匂いがプンプンするからだ。

特に日本のような少子高齢社会では、平均余命で票を重みづけて政治の目を無理やり未来に向けさせるような制度は国政では実現できないだろう。「最低でも、急進的な政党への政権交代が必要条件」（とある自民党議員）になる。政権交代さえほとんど起きていない日本で、そんな革命レベルのことをなぜ起こせるのか……見通しは暗く、実現への道筋は見えない。強い改革心を秘め選挙にめっぽう強い地方自治体の首長が、政治生命を賭けて自治体レベルで強行するのが一番ありえる道だと思われる。

さらに根本的な疑問もある。こうした選挙制度の調整・改良が民主主義の呪いの根治になるかどうか、そもそも怪しいという疑問だ。選挙によるお祭り的な意思決定が誘導や空気に弱すぎ、その弱みがインターネットやSNSによって増幅されているという問題を思い出そう。この根本問題には選挙制度の微調整は対処できない、というかむしろそこから目を背けている。

民主主義という理念の背景には、「メディアや教育を通じてそれなりにきちんとした情報を持って、それなりにしっかりと考えて判断できる人々が、集まって議論した上で投票して何をやるか決める」という人間観・社会観がある。しかし、メディアや教育がこの人間観・社会観を維持できていない。すでに議論した通りだ。世の中の仕組みや技術環境が大きく変わっているのに、義務教育の中身はほとんど変わっておらず、世界の行く末について正しい判断をするための基本的な脳のOSを提供する機能が働いていない。

追い打ちをかけるのが教育の「過剰」だ。米英の有権者を調べた研究によれば、有権者は高学歴になるほど党派的で独善的になり、議論と反省によって意見を修正していく能力を失っていく傾向があるという。学歴や知識が増すごとに自分は正しいと思い込む傾向があることがその理由だ。[*30] この頑固さは民主主義の基礎を脅かす。

加速する世界と技術の現状についていけていない教育の「不足」。妙に高学歴化が進んでみんな自信ばかりを深めるようになった教育（というか学歴）の「過剰」。不足と過剰のダブルパンチが民主主義を蝕んでいる。

そしてソーシャルメディアはほとんど野放しで育ち、つい最近までフェイクニュースも陰謀論も何でもありだった。そして問題が発生するとあとは独占企業の不透明アルゴリズムによる恣意的な情報選別に問題解決が委ねられてきた。しかし、本当に問題が解決されているのかは、結局わからない。情報選別アルゴリズムが非公開なのだから。

こうして、メディアと教育という、選挙が機能するための前提条件が錆びついている。前提条件が崩れる中で選挙の微調整を議論しても対処療法にしかならないだろう。選挙という概念一般が病にかかっていることが問題なのに、「相対的にまだマシな選挙はこれ」という処方箋になっていない処方箋を出しているようなものだからだ。**真に必要なのは、選挙の再発明ではない。むしろ「選挙で何かを決めなければならない」という固定観念を忘れることだ。**

既存の選挙の仕組みを改善することはいったん諦めてしまおう。メディアと教育が機能不全を起こしている人間や社会の現状を前提として、民主主義の具現化の形を既存の選挙から何か別のものに方針転換することはできないだろうか？　酒で現実逃避するのが特技な私がすぐに思いつく方針転換はあれだ。闘争の不可能性に絶望し、問題から目を背けて逃げ出してしまうこと。もう一つのトウソウ……逃走だ。

第3章

逃走

問い

逃げちゃダメだ逃げちゃダメだ逃げちゃダメだ。
だが、逃げたくなるのが人情だ。
民主主義から逃げ出してしまう方法はないだろうか？

民主主義との闘争ははじめから詰んでいるのかもしれない。選挙や政治や民主主義を内側から変えようと闘争したところで、変えるためには選挙に勝ち、政治を動かす必要がある。しかし、選挙の勝者は今の民主主義の既得権者である。既得権者がなぜ自らの既得権の源を壊そうという気になれるだろう？　既得権者を打ち破ろうとする者は自ら既得権者に落ちぶれるしかなく、ミイラ取りがミイラになるのは避けられなさそうだ。

そう考えていくと、別の道が浮かび上がってくる。いっそ闘争は諦めて、民主主義から逃走してしまうのはどうだろう？　**民主主義を内側から変えようとするのではなく、民主主義を見捨てて外部へと逃げ出してしまうのだ。**「反民主主義」や「迂回民主主義」と言ってもいいかもしれない。

隠喩としてのタックス・ヘイブン

何の話をしているのか摑むために、具体例からはじめよう。

国家からの逃走は、一部ではすでに日常である。たとえば富裕層の個人資産。ルクセンブルクからケイマン諸島、ヴァージン諸島やシンガポールまで、低い税率そして緩い資産捕捉を求めてタックス・ヘイブンを浮遊する見えない個人資産は、世界の全資産の8％を超えるとも言われる。*1

タックス・ヘイブンへの「移住」の費用はほぼ定額である。一方、その節税効果は資産や収入が大きいほど比例的に大きくなっていく。そのため、資産や収入があればあるほどタックス・ヘイブンからの恩恵が大きい。タックス・ヘイブンは富める者をますます富ませる。グローバル大企業ほど特許などをタックス・ヘイブンに置いて節税していることが多いのも似た現象だ。近所の八百屋にはそんな節税テクは与えられていない。

しかしタックス・ヘイブンが民主主義の呪いにどう関係しているのか？

思い出してほしい。民主主義も今や失敗に次ぐ失敗を市民に課す政治的税制になっているようにも見えることを。民主国家ほど経済成長が停滞しているという第1章「故障」で示した事実は、民主主義的な政治制度がその市民に税をかけている状況になぞらえられる。とすれば、**タックス・ヘイブンがあるように政治的「デモクラシー・ヘイブン」もありえるのではないか？**

非効率や不合理を押しつけてくる既存の民主国家は諦める世界。政治制度を一からデザインし直す独立国家・都市群が、より良い政治・行政サービスを提供すべく、企業や「国民」を誘致したり選抜したりする世界。新国家群が企業のように競争し、政治制度を資本主義化した世界である。**はじめに述べた資本主義と民主主義の壊れた二人三脚を超え、すべてを資本主義にする企て**と言ってもいい。

現在のタックス・ヘイブンは、税率を低くしたり外部から資産情報を見えにくくしたり手続きを簡素化したりすることで、資産家や大企業を誘致すべく競い合っている。

焦点は税率のように一次元的な金銭的損得になりがちだ。でも、それ以外の「Xヘイブン」もいくらでも考えられる。たとえば政治制度の自由化と規制緩和を訴えるデモクラシー・ヘイブン。ゆくゆくは、人権や家族制度などに関する価値観を軸にあらゆる方向に多種多様な新国家が枝葉を張っていく。全員ヌーディストからなるヌーディストビーチ国なども考えられるかもしれない。

デモクラシー・ヘイブンに向けて？

過激な妄想だと思われるかもしれない。だが、そのような試みが実はすでに各地で進行中である。地球最後のフロンティアは、世界の海の半分を占める公海だとよく言われる。どの国も支配していない公海の特性を逆手に取って、公海を漂う新国家群を作ろうという企てがある。「海上自治都市協会（The Seasteading Institute）」と呼ばれる新国家設立運動だ（図8）。他に似た試みを行う団体に「青いフロンティア（Blue Frontiers）」などもある（現在は活動停止中の模様）。こうした構想が行動に移されつつある背景には、クルーズ船のような大型船舶を建造する費用が下がり、技術面・費用面での現実性が

図8：海上自治都市構想

出典："Artisanopolis" © The Seasteading Institute, Gabriel Scheare, Luke Crowley, Lourdes Crowley, and Patrick White

出典：OCEANIX/BIG-Bjarke Ingels Group

増していることがあるという。

この運動には、PayPal（時価総額数十兆円）やPalantir（時価総額数兆円）といった企業を生み出した起業家で、Facebookなどに最初期に出資した投資家でもあるピーター・ティールらが投資・支援する。ティールが海上自治都市構想を支援しているのは偶然ではない。起業家・投資家として名高いティールは、同時に政治運動家でもある。2016年のアメリカ大統領選で、トランプを公然と支持したことでも有名だ。その背景には、ティールの民主主義への嘲笑と軽蔑があると考えられる。彼はこう発言して物議を醸したことがある。

「自由と民主主義が両立可能だとはもう信じられない」[*2]

誰の、何の「自由」か？　ティールのように運と才能と資産に恵まれた強者がフロンティアを切り拓く自由だろう。その自由の足枷となるのが民主主義だ。私なりに彼の言葉を意訳すれば「民主主義という拡声器で声ばかりでかくなったバカどもに私たちの野心を邪魔されるのはまっぴらだ」といったところかもしれない。

発想を憶測すればこうなる。どんなバカにも貧乏人にも等しく一票が与えられる選挙民主主義は、特異な才能や経験を持った人間がフロンティアを切り拓き、価値や差異を生成するのを阻害する制度である。そんな凡人至上主義のプロセスはできるだけ迂回しよう。決定や変革をできるだけ民主的な手続きを経ず、強者が独断できるようにしよう。そんな古典的野心を彼らは丸出しにする。そのために、ティールや似た指向性を持つ強者たちは、独占企業やゲイテッド・コミュニティなど朝飯前、カリフォルニア州を独立させるとか、海上や地底、宇宙空間に新しい独立国家を作るといったことを大真面目に思考し、実践するためにX億円を投じる。

なぜトランプ公然支持なのかもこの発想から理解できる。民主主義を内側から破壊する人間爆弾としてのトランプに胸が高鳴るという感覚だ。彼らにしてみれば、今ある民主主義は無知で何も創造しない過半数の人々のルサンチマンを発散する制度に成り下がっている。そんな民主主義を通じて誕生し、民主主義の醜さを体現する人間爆弾トランプを、民主主義の自壊《じかい》の象徴として高く掲げよう。民主主義は破壊されたのではない、恥辱のあまり崩れ落ちたのだ、と。そういう発想に近いのだと思われる。この感情を建設的な方向に具体化すると、海上自治都市協会のような新国家設立運動になる。

独立国家のレシピ1：ゼロから作る

億万長者たちの海上都市遊びだけではない。似た着想は大小様々な形で有象無象《うぞうむぞう》の人々によって進められている。似通った価値観や資産を持つ同じ「階級」の人々だけが出入りできる居住地を作る試みが一部の国では増えている。ゲイテッド・コミュニティだ。ゲイテッド・コミュニティ内で完結した独自の税制を整え、警備や監視、保育・教育などを自前で準備することも多い。こうなってくると準独立都市の様相を呈してくる。

図9：シュールなローズ島共和国とその爆破

出典（下写真）：Rimini, Isola delle Rose, 11 febbraio 1969
© Biblioteca civica Gambalunga-Rimini, Archivio fotografico Davide Minghini

さらに古くエモい逸話もある。幻の独立国家「ローズ島」だ（図9）。ローズ島は約20メートル四方の金属製の人工小島で、夢みがちな技師Giorgio Rosaと同志の数人のチームがイタリアの沖合ギリギリ公海になったあたりに作り上げた。1968年5月のことだ。貧弱なバーとクラブを兼ね備えたローズ島は、す

ぐに変わり種の観光スポットとして注目を集める。そして建設者自身を大統領としてローズ島は勝手に独立を宣言、市民権やパスポートの発行などを手がけはじめる。独立国家としての承認をもらおうと国連にも掛け合いはじめる。

だが、イタリア政府も黙っていなかった。独立宣言直後から、脱税などの疑いで警察官や税務調査官がローズ島に上陸し、捜索した。特に問題になったのは、公海上にあるローズ島にイタリアの主権が及ぶかどうかだ。この点がイタリアの最高裁判所で争われ、翌年には政府側が勝訴した。この判決を受け、ローズ島はイタリア海軍により爆破され、建設からわずか半年あまりの１９６９年2月に消滅した。イタリア共和国による史上唯一の武力侵攻だとも言われる。

微小国家（microstate, micronation）の最も極端でちょっと心躍る形態として、ローズ島は海上独立国家構想などにもインスピレーションを与えている。反骨ネタが妙に好きなNetflixのオリジナル映画『ローズ島共和国』にそのヘンテコな顛末《てんまつ》が描かれている。[*3]

図10：今でも海上に浮かぶシーランド公国

出典：© Global Gaz

さらに有名な海上微小国家として、1967年にイギリスの沖合に出現したシーランド公国（Principality of Sealand）もある[*4]（図10）。既存国家に爆破されたローズ島と対照的に、シーランド公国は今でも現存して海上に浮かぶ。

独立国家のレシピ2：すでにあるものを乗っ取る

ゼロから新たに作るのではなく、すでにある国家や自治体を再利用する手もある。フランス革命も地方議会の奪取からはじまったことで有名だ。現代でも、どこかの自治体に大量移住して住民の過半数を握れば、その自治体の選挙を支配できる。千代田区の区長選ですら最新の当選者（2021年）の得票数は9534票である。[*5]

一万人を移住させられれば首都の重要区の区長選ですらジャックできる。一万人が選挙遊牧民として団結すれば、各地の首長選を順に乗っ取って最年少首長を大量に誕生させることさえできる。

マイノリティとマジョリティの逆転も視野に入ってくる。国全体を見れば超マイノリティでしかありえない若者も、大挙して特定の自治体に押しかければ、その場所ではマジョリティになれる。マイノリティとマジョリティは局所的に逆転できる。

そんな自治体乗っ取りの先駆例が1980年代に存在した。インド発で当時世界を席巻していた新興宗教指導者バグワン・シュリ・ラジニーシ（通称Osho）だ。トラブルで祖国を追われた彼らは、アメリカはオレゴン州の片田舎にある町に集団移住した（図11）。更地を開拓して住みつきはじめた彼らは、そこから驚きの戦略をとる。無料バスを全国各地に派遣し、「生活拠点を提供する」という誘惑で大量のホームレスたちを移住させる。そして町の住民の過半数を握ったのだ。これまたNetflixのオリジナル・ドキュ

図11：リアル自治体乗っ取りの起点となった開拓地

出典：©2003 Samvado Gunnar Kossatz

メンタリー映画『Wild Wild Country』には、彼らの驚くべきバイタリティと自治体乗っ取り作戦の顛末が記録されている。[*6] この試みも新興宗教団体も、結末は絵に描いたような悲劇に終わるのだが……。

　独立国家をゼロから作ることもできる。既存の自治体や国を乗っ取ったり、それに寄生しながら準自治区を育てることもできる。ブロックチェーン技術に支えられたWeb3の勃興で、新しい政治経済制度（選挙・合意の仕組みや通貨・証券の仕組み）をデザインするオンラインコミュニティも雨後の筍《たけのこ》状態である（146ページ図12）。

図12：「独立」の諸相

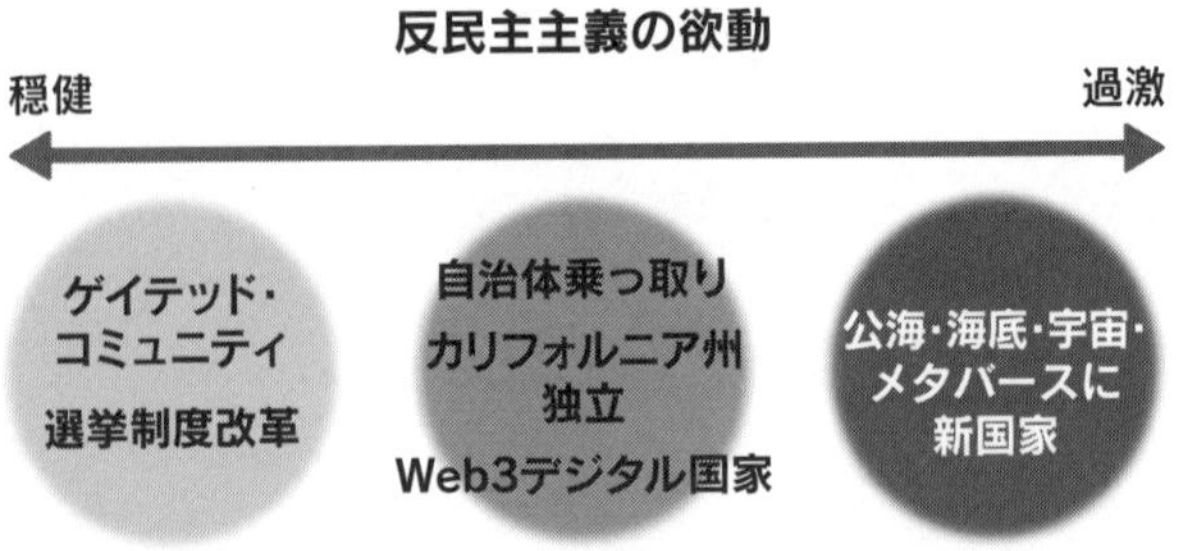

お気に入りの政治制度を実験する海上国家やデジタル国家に資産家たちが逃げ出す未来も遠くないかもしれない。その視線の先には公海が、海底が、宇宙が、そしてメタバースが見えている。

独立国家：多元性と競争性の極北としての

こうした独立国家構想は「自由私立都市（Free Private City）」として概念化されることがある。[*7] 自由私立都市は、民主主義の主成分としてよく挙げられる競争性や多元性を逆手に取った戦略と言える。異質な利害や意見・イデオロギーを持った政治主体たちが参入して異議申し立てできる多元性、そして彼らが選挙などを通じて競争にさらされ選別されていく競争性である。

望ましい民主主義の特性として競争性を析出したのは、『資本主義・社会主義・民主主義』（1942年）のヨーゼフ・シュンペーターだった。[*8] 最も広く用いられる競争の場が選挙だ。この視点は強い磁場を放ち、「民主主義と言えば選挙」だという現在まで根深く残る思い込みを作り出した。シュンペーターの議論の本質は選挙そのものではなく、それが生み出す競争と質に基づく選別にあったにもかかわらず、だ。競争性を強調するシュンペーターにとって、民主主義は権力者に緊張を与え政治・立法・行政的意思決定の質を保つための手段だった。[*9]

質を上げるための手段としての民主主義を、それ自体で価値のある目的・理念としての民主主義に引き戻したのがアメリカの政治学者、ロバート・ダールだ。[*10] 小難しく聞こえるが何のことはない。競争によって質を保つ云々の前に、色々な考えを持つ人や組織が政治に参入して共存できることそのものが尊いという考え方だ。

シュンペーターによる競争性の強調とダールによる多元性の尊重には共通点がある。

競争性や多元性は、ある国家の「中」で起きる出来事や性質であるというドメスティックさだ。これを国家と国家の「間」に転換してみよう。まだ存在していないが、ありえる架空の国家たちの多元性。そして旧国家が競争を通じて新国家に脅される競争性。**国家・都市「間」の多元性と競争性が自由私立都市のアイデンティティ**だ。

シュンペーターは民主主義に国家内に限定された資本主義的競争を見た。それに対し、自由私立都市はその限定をほとんど取っ払い、国境も越えたグローバルな資本主義的競争を導入する。そこではすべてが資本主義になり、商品やサービスになる。政治制度もだ。その意味で、**自由私立都市は政治的成果報酬の究極形態**とも考えられる。成果への報酬は国家・都市の存続であり、失敗への懲罰は国家・都市の滅亡である。

すべてを資本主義にする、または○□主義の規制緩和

独立国家だけではない。フロンティアへの逃走はホモ・サピエンスの性《さが》である。21年にもアマゾン創業者ジェフ・ベゾスが宇宙飛行を行った。飛行後の会見でベゾスは

「アマゾンの従業員と顧客に感謝する。皆さんが宇宙旅行代を払ってくれたのだから」と感謝を口にし、炎上した。「ジェフ・ベゾスを地球に帰還させるな」と題された糾弾キャンペーンは20万を超える賛同を集め、こんな果たし状を掲げた。*11

「億万長者は地球にも宇宙にも存在すべきでない。しかし宇宙を選ぶのなら、そこに留まるべきだ」

世界一の富豪といえども、結局は私たちと同じ地球に留まるしかないだろうという口ぶりだ。だが、もし富豪たちが私たちの社会の外部に逃走してしまったとしたら？

21世紀後半、億万長者たちは宇宙か海上・海底・上空・メタバースなどに消え、民主主義という失敗装置から解き放たれた「成功者の成功者による成功者のための国家」を作り上げてしまうかもしれない。選挙や民主主義は、情弱な貧者の国のみに残る、懐かしく微笑ましい非効率と非合理のシンボルでしかなくなるかもしれない。私たちが憫笑する田舎町の寄り合いのように。

そんな民主主義からの逃走こそ、フランス革命・ロシア革命に次ぐ21世紀の政治経済革命の本命だろう。**フランス・アメリカ革命が民主主義革命、ロシア革命が共産・社会主義革命だったとすると、次に来るべきは資本主義革命かもしれない。**

とはいえ、心ある方に教えていただいたところでは、実際に独立運動をすることはもちろん、公共の電波などで独立運動を呼びかけることも日本では刑法78条の「内乱予備罪」にあたる可能性があるらしい。独立運動に身を投じる場合は、弁護士に相談の上で危険を承知で人生を捧げてほしい（しかし、どこにそんな相談にのる弁護士がいるのか?!）。

資本家専制主義？

もちろん、すぐに心配が頭をもたげる。新しい「国家」に行けるのは富裕層だけになるのではないかという懸念だ。そしてこうした新しい国家は、資本を持つ人の独裁政治に陥るのではないかという心配だ。箱を開いてみたら「資本専制よりは民主主義の方がまだマシだった」という結果にならないだろうか？

もっともな懸念だが、逆に希望もある。**離脱という希望**だ。通常の国家は、国民がそこから離脱するのが難しい仕組みになっている。簡単に離脱して他の国が受け入れてくれるのはお金や能力のある人だけだ。簡単に離脱するのが難しいからこそ、みんなイヤイヤ税金を払うし法律にも従う。

一方、すべてを資本主義にする新しい国家は違う。新国家は商品やサービスのようなもので、国民側が国家を選ぶ力が増す。国家側も「資本独裁になっちゃうかもしれないことをあらかじめお詫びします。だけど嫌だったらいつでも自由に出ていっていいですよ」と言うことができる。離脱権が悪しき資本独裁を予防するという希望である。*12

新国家は最終的には意外に一般の人々にも開放されるという楽観的予感もある。お金と権力を手に入れた人間は、最終的には偉人としてチヤホヤされたいという承認・達成欲求にたどり着く。承認・達成欲求は弱者への施しを生む。

たとえば前澤友作さんは、「Twitter でシングルマザーなどにお金を配るキャンペーンをしていることで良くも悪しくも有名だ。小金に群がる一千万人単位のイナゴユーザー情報を効率よく集められて情弱ビジネスし放題という側面もあるだろう。ただ、それと同じかそれ以上に強い動機は「日本人の父になりたい」といった野心のように感じられてならない。お金配りを続ければ、自らのお金で育った子どもたちやその家族が日本中に増殖していく。最終的には巨大な拡張家族や故郷もどきにたどり着く。そこに育まれるのはお金では買えない大きな絆のようなものだろう。

同じことが新しい国家にも言える。もちろん、最初は資産があったりセンスがあったり影響力があったりする上級国民を選抜して、国家としてのブランドを作るだろう。

だが、旧国家を置き換えるには、新国家はいずれ平民も包み込む世界イデオロギーや世界福祉にならなければならない。そのために、貧民たちを抽選などで受け入れていく可能性が高い。

逃走との闘争

とはいえ、逃走には落とし穴がある。たとえ新国家の乱立による民主主義からの逃走が可能だったとしても、文字通り問題から逃げているだけだという問題だ。

そもそも、民主主義からの逃走は何のひねりもなく成金的な発想である。民主主義の呪いの尻拭いを札束でし、票が生み出す呪いを金が生み出す呪いに置き換える問題のすりかえでしかない。よく「加速主義」という何か深い意味があるかのような合言葉で語られたりもするが、要するに資産とＩＱを持つ者が加速してバカと貧者の嫉妬と邪魔から逃れようという合言葉でしかない気もする。歴史を通じて様々に変奏されてきた、金持ち主義・エリート主義だ。凡人専制によって政治的税を課される民主主

義にウンザリして選民たちのタックス・ヘイブンとデモクラシー・ヘイブンに逃げ出す資産家たちは、民主主義に内在する問題を解決しはしない。

社会を構想する試みは、えてして既存の敵を新規の敵へと変換する営みに収束してしまう。新国家建設による民主主義からの逃走も例外ではない。ゲイテッド・コミュニティや海上浮遊都市への独立を典型とする反民主主義運動は、民主主義への失望のあまり、民主主義を動かす情弱と貧困こそが敵だと誤認してしまう。その世界観では、世界の秘密をつかんでフロンティアと利潤を開拓する資産家が友、無知ゆえに嫉妬と憎悪で邪魔しかできない民衆が新しい敵だ。

しかし、「魚の目をしているクラスメイトが敵では決して無い」（椎名林檎「虚言症」）。バカと貧者を排除して問題解決した気になって気持ちよくなっているのは、表面的なマッサージで体が回復した気になって気持ちよくなっているのと似ている。もう一つのバカであり、貧者である。骨格や筋肉を変えない限り体の抱える問題が根治することはないのと同じく、制度そのものを変えない限り民主主義の問題が根治することはない。臭いものに蓋《ふた》をしているだけだ。

敵友の区別に固執し、その変奏をやめられない人間の癖から逃れたい。民主主義からの逃走と闘争し、大衆を仮想敵にするのではなく、友としてふたたび民主主義に組み込むことはできないだろうか？　そんな民主主義の構想こそ、私たちが真に考えるべき課題になる。来るべき独立国家という箱の中身を詰める構想だ。

第4章

構想

問い

問題から目を逸らして逃走するのではなく、民主主義の理念をより純粋に体現する仕組みを作れないだろうか？

選挙も政治家もいない民主主義はありえないだろうか？

選挙なしの民主主義に向けて

民主主義からの逃走と闘争し、民主主義の再生をはかりたい。どうすればできるだろうか。必要なのは、民主主義を瀕死に追いやった今日の世界環境を踏まえた民主主義の再発明である。民主主義の理念をより正確に余すところなく具現化する制度の発明と言ってもいい。特に、世界と民主主義を食い尽くすようになったアルゴリズム技術環境を逆手に取った選挙の更新だ。

まずは想像してほしい。そして誰も選挙に行かなくなった。そんな選挙なしの世界でなお、民主主義は可能だろうか？　ただの空想ではない。80年に75％だった衆院選の投票率は右肩下がり、17年には54％にまで衰えている。参院選にいたっては、19年の投票率が48%と半数を下回ってさえいる。[*1] 有権者の過半数が国政選挙への参加を放棄しているわけだ。ヒマで選挙好きなはずの高齢者が増えているにもかかわらず、である。選挙もまた、新聞やテレビのように数字が静かに溶けていく運命にある伝統芸能なのかもしれない。民主主義が、そして政治が選挙と運命共同体であるなら、民主主義もまた老衰の真っ只中ということになる。

いや、違う。**選挙なしの民主主義は可能だし、実は望ましい。**そう言いたい。

選挙なしの民主主義の形として提案したいのは「無意識民主主義」だ。センサー民主主義やデータ民主主義、そしてアルゴリズム民主主義と言ってもいい。これは数十年をかけて22世紀に向けた時間軸で取り組む運動だ。[*2]

「しかし、民主主義を単なる政治のやり方だと思うのは、まちがいである。民主主義の根本は、もっと深いところにある。それは、みんなの心の中にある」(戦後間もない1948年に文部省が出版した中高生向け教科書[*3])。

ということで、心の中を覗いてみよう。インターネットや監視カメラが捉える日常の中での言葉や表情や体反応、安眠度合いや心拍数や脇汗量、ドーパミンやセロトニン、オキシトシンなどの神経伝達物質やホルモンの分泌量……人々の意識と無意識の欲望・意思を摑むあらゆるデータ源から、様々な政策論点やイシューに対する人々の意見が漏れ出している。そこに刻まれているのは「あの制度はいい」「うわぁ嫌いだ……」といった民意データだ。世論調査や「国際価値観調査（World Values Survey）」のような価値観調査が、年中無休で大量に、無数の角度からあらゆる問い・文脈について行われつづけているようなものだ。

これまで民意データを汲み取るための唯一無二のチャンネルだった選挙は、数あるチャンネルの一つに格下げされ、一つのデータ源として相対化される。様々な民意データ汲み上げチャンネルを融合し折り重ねることで、選挙などの個々のチャンネルが避けがたく孕む歪みを打ち消し合う。特定のチャンネルの重要度が上がりすぎて悪意ある者にハックされる危険も回避する。

集めたデータから各論点・イシューについての意思決定を導き出すのは、自動化・機械化された意思決定アルゴリズムである。意思決定は各論点・イシューについて行われる。政党や政治家についてではなく、だ。意思決定アルゴリズムのデザインは、人々の民意データに加え、GDP・失業率・学力達成度・健康寿命・ウェルビーイングといった様々な政策成果指標を組み合わせた目的関数を最適化することで行われる。民意データは「そもそも政策によって何を達成したいと人々が考えているか」という価値基準の発見のために用いられる。続いて、成果指標データはその価値基準にしたがって最適な政策選択を行うために用いられる。

意思決定アルゴリズムは不眠不休で働け、多数の論点・イシューを同時並行的に処理できる。人間が個々の論点について意識的に考えたり決めたりする必要が薄れる。

「無意識」民主主義たるゆえんだ。人間の主な役割は、もはや選択したり責任を負ったりすることではない。機械・アルゴリズムによる価値判断や推薦・選択にだいたい身を委ねつつ、何かおかしい場合にそれに異議を唱え拒否する門番が人間の役割になる。政治家はソフトウェアとネコに取って代わられる。いったい何の話をしているのか、順を追って説明してみよう。

民主主義とはデータの変換である

民主主義とはデータの変換である。そんなひどく乱暴な断言からはじめたい。民主主義とはつまるところ、みんなの民意を表す何らかのデータを入力し、何らかの社会的意思決定を出力する何らかのルール・装置であるという視点だ。民主主義のデザインとは、したがって、(1)入力される民意データ、(2)出力される社会的意思決定、(3)データから意思決定を計算するルール・アルゴリズム（計算手続き）をデザインすることに行き着く（図13(A)）。

データ変換としての民主主義の一番わかりやすい例はもちろん選挙だ。民主主義の具現化として私たちが当たり前に使っている選挙は、ある意味でただのデータ集計で

図13(A):データ変換としての民主主義

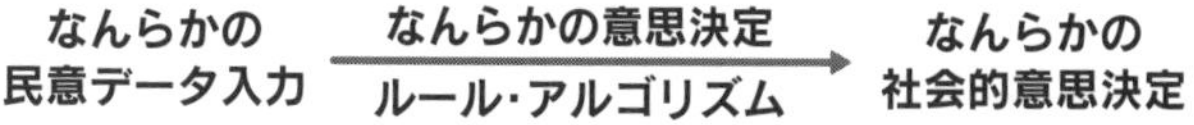

図13(B):選挙民主主義

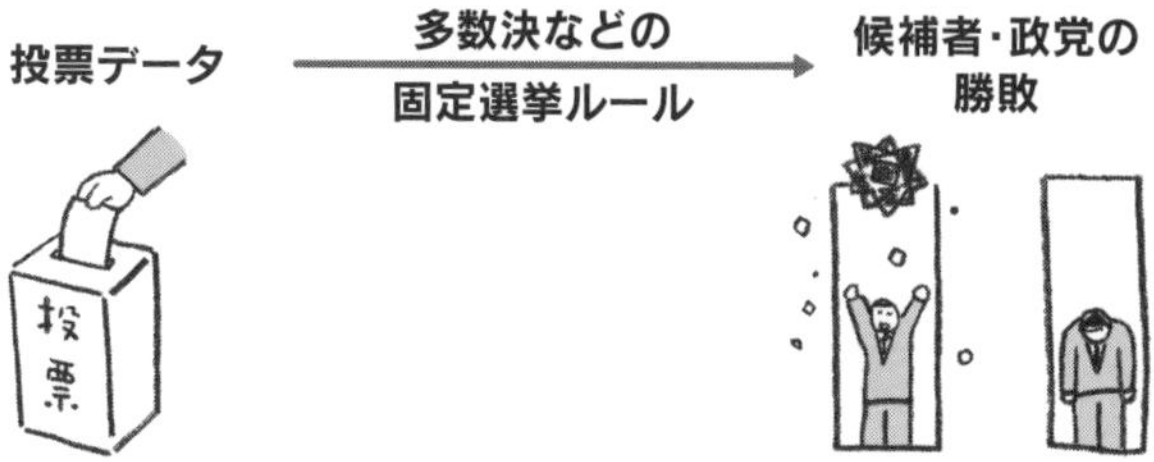

図13(C):無意識データ民主主義

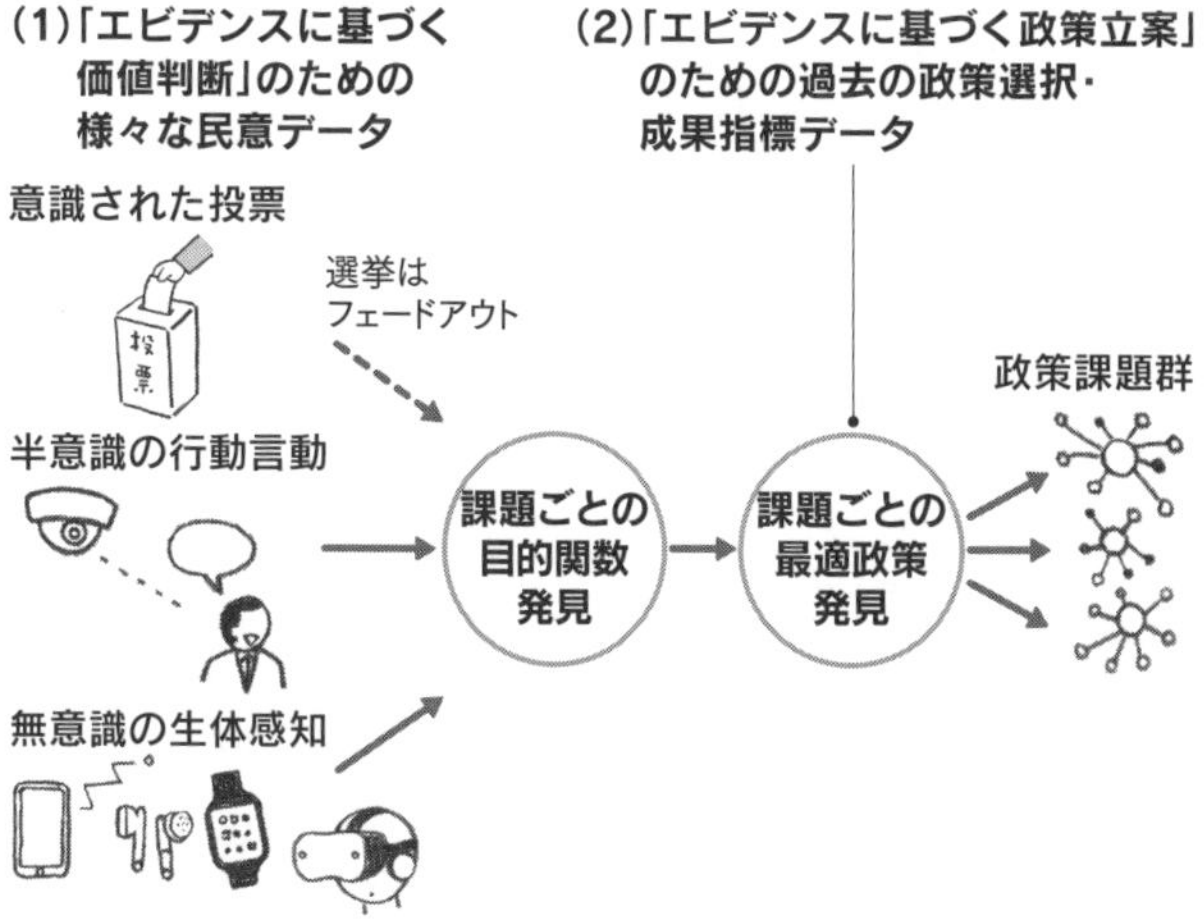

ある。政治家や政党のような選択のための単位や記号を人工的に作り、並んだ記号のうちのどれが好きかを各投票者が投票する。そして、その投票情報が多数決のような何かの固定ルールで集計され、誰が勝つか、どの政党が政権を握るかが決まる。投票データを入力して、そのデータによって「どの政治家が当選するか」「どの政党が政権を握るか」を決めて出力する粗いルールやアルゴリズムが動いている。**選挙はデータ処理装置、驚くくらいざっくりと設計された単純明快なデータ処理装置と言える**（165ページ図13(B)）。

では、なぜ選挙という雑なデータ処理装置がこれほど偉そうに民主主義の中核に鎮《ちん》座《ざ》しているのだろうか？　選挙が使うデータの質や量がいいからではない。立候補した少数の政治家・政党の中から好みの一つを選んだだけの投票データは、投票者の意思のほんの一部しか反映していない貧しいデータなことは誰の目にも明らかだろう。データ処理の方法が洗練されているからでもない。多数決のようなよく使われる集計ルールは欠陥だらけなことがよく知られている。*4

そんな貧しさや欠陥にもかかわらず選挙を私たちが受け入れているのは、数百年前の段階でギリギリ全国を対象に設計・実行できたデータ処理装置が選挙だからだろう。そして、法律や歴史を通じて正統性や権威性をまとったからだろう。はじめとおわりがはっきりしていて、勝者と敗者がきっぱり決まるゲームのような透明性ゆえに、暴力や内戦による血みどろの意思決定を避けられたことも大きかったに違いない。[*5]

逆に言えば、今ゼロから民主主義を制度化するとしたら、選挙とは違う何かが出てくるに違いない。民主主義が用いるデータの質や量、そしてデータ処理の方法にはいくらでも改良の余地がある。民主主義的意思決定というデータ変換における「入力側」と「出力側」を質量ともにドカッと押し拡げることができる。その一例が165ページ図13(C)に示した無意識データ民主主義だ。この複雑怪奇なイメージを順に説明していく。

入力側の解像度を上げる、入射角を変える

まずやるべきは、民意や一般意思に関するデータをもっと解像度高く、色々な角度から取ることだ。現代では、選挙だけに頼らずとも、人々の意思や価値観、欲求に関するデータが日々湧き出ている。そうした情報に私たちの民意が映し出されているという当たり前の事実をデータ変換としての民主主義に挿入すれば、選挙に並び立つ民意データ取得チャンネルを百・千と増やしていける。人間は牛の内臓でもナマコでも食べられるものは食べてみることで成長してきた。データも使えるものは使ってみよう。民主主義の入出力過程の入力データのゲテモノ闇鍋化である。

データとしての民意1：選挙の声を聞く

目的発見のための入力民意データのわかりやすい例を見よう。選挙の中で何が起きてどんな人がどんな政策を求めているかを記録したデータだ。日本で選挙に関する統計や報道を見ると、粗い集計情報しか出てこないことが多い。各政党・候補者が何議席を取ったといった情報だ。だが、選挙で投票した人は色々な属性を備えていて、過

去にどういう経緯を辿ってその選挙に来たかという来歴情報をまとっている。たとえば、今回自民党に投票した人は、もしかしたら前回の政権交代のときに民主党側に翻《ひるがえ》った人で、民主党政権の体たらくを見て絶望して自民党に舞い戻ってきた人かもしれない。何歳の人で、性別は何で、家族構成がどんな感じなのかといった情報もあれば、有権者の行動とその背後の思考と感情をより解像度高く紐解ける。

そんな試みもある。米国企業L2社やCatalist社は、個々の有権者がどんな人で、いつどの選挙に行って誰に投票したかを計測・予測し、数億人を数十年にわたって追いかける選挙データを構築している。16年の大統領選で昔ながらの聞き取り調査への信頼が失墜したことも相まって、今ではこれらの企業データが米国の選挙に関する最も信頼できる情報源とみなされている。

このようなデータを使えば、どんな背景を持つ有権者がどんな政党、政治家そして政策を求めているかを測ることができる。ただの投票行動や選挙結果に留まらない高解像度で意思と欲望を捉えることができる。そして、こういう豊かなデータを使えば、今使われている単純な多数決だけではなく、平均余命で票に重みをつけたり、性別や世代ごとの定数（クオータ）制を設けたりするなどの仮想的な選挙の仕組みをシミュレーションすることもできる。第2章「闘争」で紹介した通りだ。

日本の選挙についても、似た試みがあるにはある。私自身も仲間にパラサイトした夏休みの自由研究的に独自データを収集し「#リアル選挙分析 参院選2019プロジェクト」として公開したことがある。[*6] この調査からわかってきたのは、日本では学歴や年収、世代、性別といった外から観察できる有権者の属性は投票行動と関係が薄いことだ。逆に、投票行動を予測する上で重要だとわかったものがある。「内面」だ。「努力が報われる社会であると思えるか」「未来の明るい社会像を描けるか」といった曖昧で、主観的で、内面的な問いへの回答が与党への信認の決め手になっていることがこのデータからわかってきた。

他にも「東京大学谷口研究室・朝日新聞社共同調査」がある。2003年から衆院選・参院選の際に実施されている有権者調査と政治家調査を接続したデータで、二つの調査で質問項目を共通にし、毎回同じ質問を聞くことで、有権者と政治家の政治意識を比較したり、時間を通じた意識変化を追跡したりすることもできるようになっている。

こうしたデータは、得票「率」だけでなく得票「質」を測ることにつながっていく。得票率が「何人が投票したか」の結果だけを定量的に表すのに対して、「誰がどのように投票したか」という過程や背景まで表すのが「得票質」と私が勝手に呼んでいるものである。

そのような質を測る試みが、実はテレビの世界にある。「何人が番組を視聴したか」を表す視聴率に対して、「誰が見ているのか（個人特定）、そしてどのように見ているのか（視聴態勢）」を数値化した「視聴質」を提供するTVision Insights社のデータ製

図14：会議室内の声を記録・整理・可視化する

出典：Audio Metaverse, Inc.

品だ。人体認識技術を搭載したセンサーをテレビの上部に設置することで、テレビの前にいるそれぞれの視聴者の視線を毎秒読み、視聴質を測る。こうした試みが選挙の世界にも広がって、得票質のデータが蓄積されていくだろう。そしてニュースや政見放送に関する視聴質データは選挙に並ぶ民意データになる。

データとしての民意？：会議室の声を聞く

とはいえ、選挙データは穏健すぎ普通すぎる。民意のデータ化は、選挙という伝統行事を飛び出して街中の声

図15：オンライン会議の声を記録・整理・可視化する

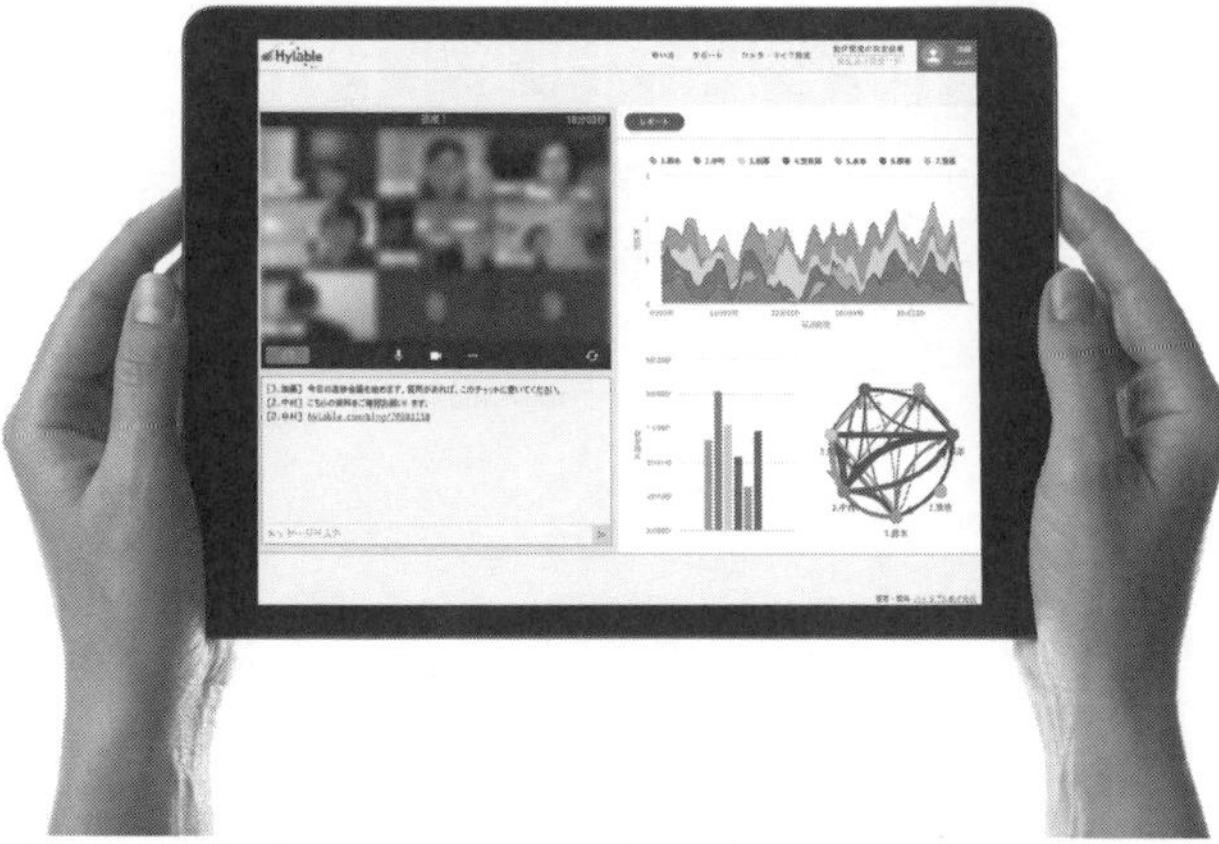

出典：Web 会議の見える化サービス Hylable（ハイラブル株式会社）
（https://www.hylable.com/remote/）

にも及ぶだろう。コミュニケーション可視化システム「Transparent」（Audio Metaverse社）に、音声感情解析具「Empath」（Empath社）を融合した装置は、会議室内の意見や声の盛り上がりを記録し可視化する（図14）。「音環境分析でコミュニケーションを豊かにする」を掲げるハイラブル社も、オンライン会議における各参加者の発言回数や量などをデータ化して見える化してくれる（図15）。MITで社会機械集団（Social Machines Group）を率いるデブ・ロイが自らの家族を実験台にした「Human Speechome Project」は、家の中の家

図16：家庭内の声を記録・整理・可視化する

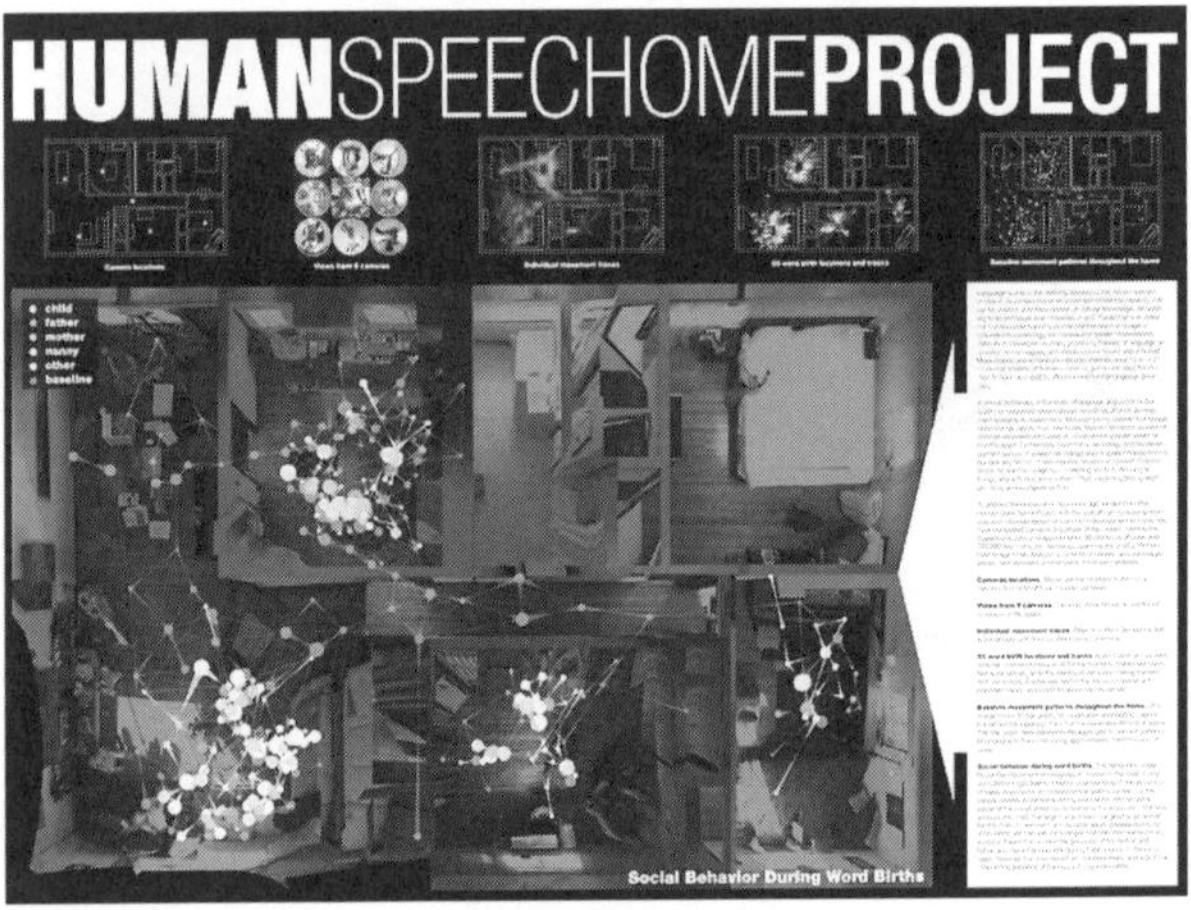

出典：©2010 George Shaw,Philip James DeCamp & Deb Roy

族の声と体の動きを無数のマイクとカメラから多点常時観測し、多重時空間動画として蓄積する（図16）。

データとしての民意3：街角の声を聞く

人々の声のデータ化は会議室や家を超え、この世界のあらゆる片隅へと浸透していくだろう。たとえば、国営監視カメラ網が国土を覆っていることで名高い中国。面白いのは、国営監視カメラ動画の一部がある時期までウェブ上にしれっと公開されていたことだ。これに注目したのが、かつて偽漢字を乱用した作品群で真偽の境界をアート

図17：街中の声を記録・整理・可視化する『トンボの眼』

出典：Xu Bing, Dragonfly Eyes, Video, surveillance camera footage taken from public live-streaming websites, 2017. ©Xu Bing Studio

化した美術家・徐冰《シュービン》である。徐冰は、国営監視カメラ網の記録した実世界動画だけを切り貼りすることでそれっぽい偽物語に変換、一本の映画に仕立て上げてしまった。2万8000の眼を持つと言われるトンボにちなんで『トンボの眼（Dragonfly Eyes）』と題された日本未公開の映画だ（図17）。

監視カメラ・マイクが捉える政治家や政策への賞賛や嘲笑、悪口……サービス提供者のもとにデータとして記録されているそういったデータだって、民意の現れである。日常生活が副産物として生み出す新種の世論調査や価値観調査である。その民意データを匿名化した上で社会的意思決定になぜ使ってはいけないのかと素朴に考えると、実はあまり深い理由はない気がしてくる。いったん固定観念を外して、世の中に存在している、そしてこれからの社会に存在するであろう、私たちが一体どんな政府や政策を望んでいるのかということを語ってくれる情報すべてを汲み取ってしまおう。それが、私が「民意データ」という言葉でざっくり呼んでいるモノの正体である。

万華鏡としての民意

選挙を超えた、半意識・無意識の反応にも及ぶ幅広い民意データには二つの役割がある。一つは民意への解像度を高めることだ。最初に挙げた選挙データは民意への解像度を上げるいい例だと言える。

民意データの二つ目の役割は、データの種類を変えることだ。どういうことか？光を当てる角度次第で様々な表情を見せてくれる万華鏡のような存在、それが民意である。ある日に選挙があって公式に一票を投じてくださいと言われたときに私たちが表明する意見、世論調査でテレビ局のマイクを向けられたときに表明する意見、小規模で内輪なトークイベントで口走ってしまう意見、家に帰って家族や友達とグダグダおしゃべりするときの意見は全部違う。朝と夜でも違うし、空腹時と満腹時でも違う。

今の選挙は、その一番はじめの投票用紙で表明された意見だけを汲み取っている。民意の表情を左斜め上45度からだけ撮っているようなものだ。だけどそれとは全然違う、もっとグダグダで油断した情報もまた民意の別の表情の現れである。民意データを切り出す角度や視野を広げることで、特定の角度から見ただけではわからない民意の全体像を摑むことができる。

歪み、ハック、そして民意データ・アンサンブル

なぜ万華鏡としての民意の様々な表情を色々な角度から抽出する必要があるのか？

どんな選好や意思、価値観の表明も、その表明に使われるチャンネルやセンサー、イ

ンターフェイスの影響を受け、歪みを孕んでしまうからだ。色々なチャンネルを組み合わせることでその歪みを打ち消し合える可能性がある。

会議・街中などから染み出した民意データにはもちろん歪みがある。だが、選挙での投票もまた、十分に歪んでいる。情報に次ぐ情報を仕入れ、熟慮に熟慮を重ね高めた意識で心を決めて選択するという建前で、その実テレビやSNSに垂れ流される政治家の作り込まれた言葉遣いや表情に誘導されていることを示す様々な証拠があるからだ。この二つの歪みを無根拠に区別したがる心情は、「人々の声を集約する大役は選挙しか許されない」という既得権者的な差別意識でしかないだろう。一般意思の規制緩和が求められている。

どこかに本当にまっさらで透明な「民意」や「一般意思」があるという幻想を捨てる必要がある。私たちにできるのは、単一の完全無欠で歪みのない民意抽出チャンネル・センサーを見つけることではない。ましてや、選挙はそのようなチャンネルではない。私たちにできるのは、むしろ**選挙やTwitterや監視カメラのような個々のチャンネル・センサーへの過度の依存を避け、無数のチャンネルにちょっとずつ依存することで、特定の方向に歪みすぎるのを避ける**ことだけだ。

ヒントをくれるのが機械学習・人工知能・統計学の伝統だ。こういった分野では、入力情報Xから情報Yを正確に予測することが求められる。画像検索エンジンを作るためには、Xが写真画像のピクセルデータだったときに「その画像中にネコが含まれているか」などといったYを予測・判断することが目標になる。チャットボットを作りたければ、Xがこれまで発せられた言葉で、Yが次に発せられる言葉になる。天気予報であれば、Xが様々なレーダーや気象衛星から得られた雲や風の動き、気圧などのセンサー情報で、Yが明日の天気や気温になる（180ページ図18(A)）。

Xから Yをうまく予測・判断してくれるアルゴリズムを作るためによく使われるトリックがある。まずXからYを予測するアルゴリズムをたくさん作る。そしてそれらア

図18(A)：通常の機械学習における
複数のアルゴリズム融合のイメージ

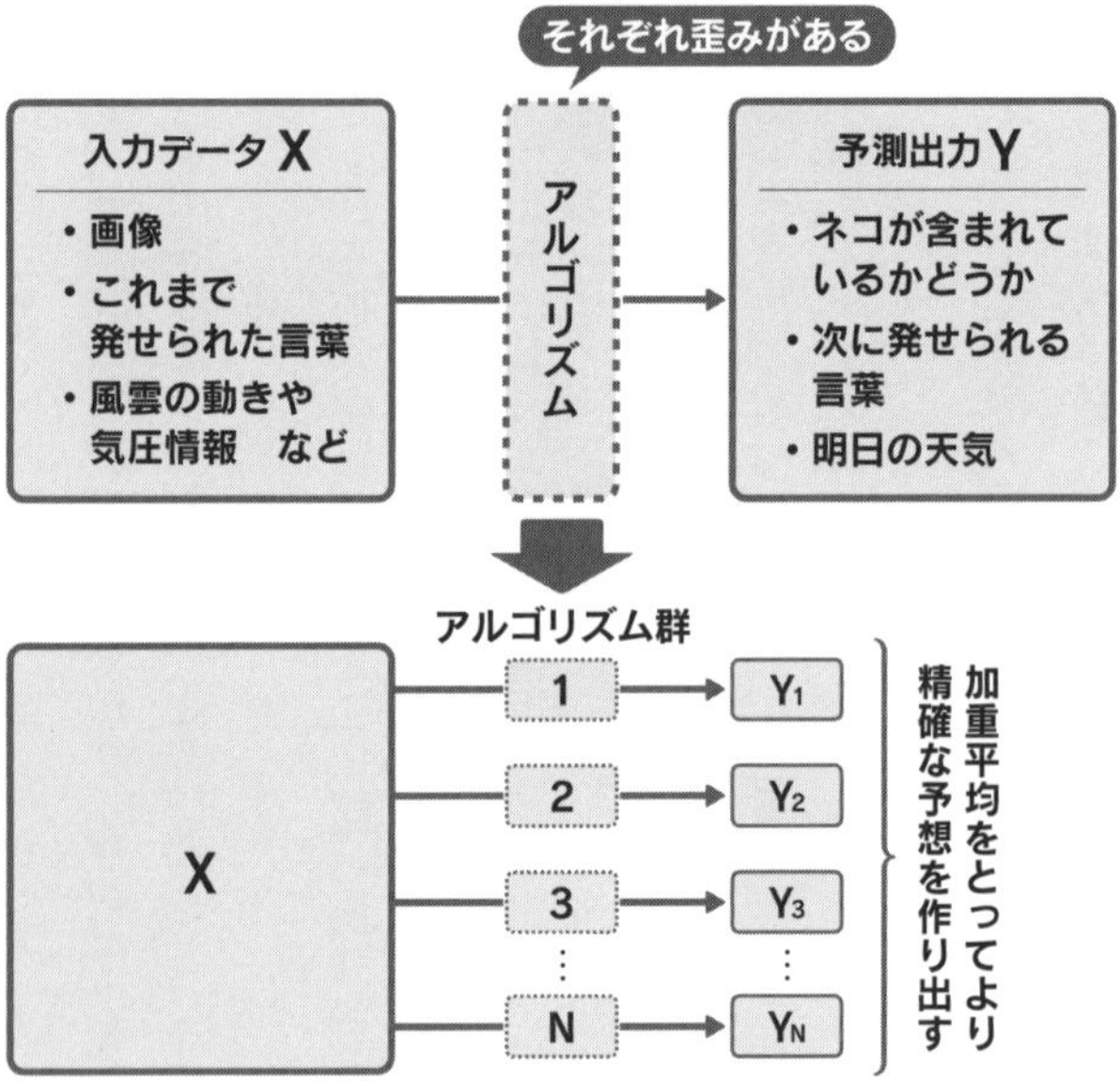

ルゴリズム群の加重平均をとって最終的な予測アルゴリズムとする方法だ（図18(A)下）。アルゴリズムたちの平均を取るので平均化（averaging）と呼ばれたり、アルゴリズムたちの集合を考えるのでアンサンブル（ensemble）学習と呼ばれたりする。

発想は単純だ。個々のアルゴリズムは歪み（偏り）を含んでいて不安定である。

図18（B）：無意識民主主義における
複数の民意データ・アルゴリズム融合のイメージ

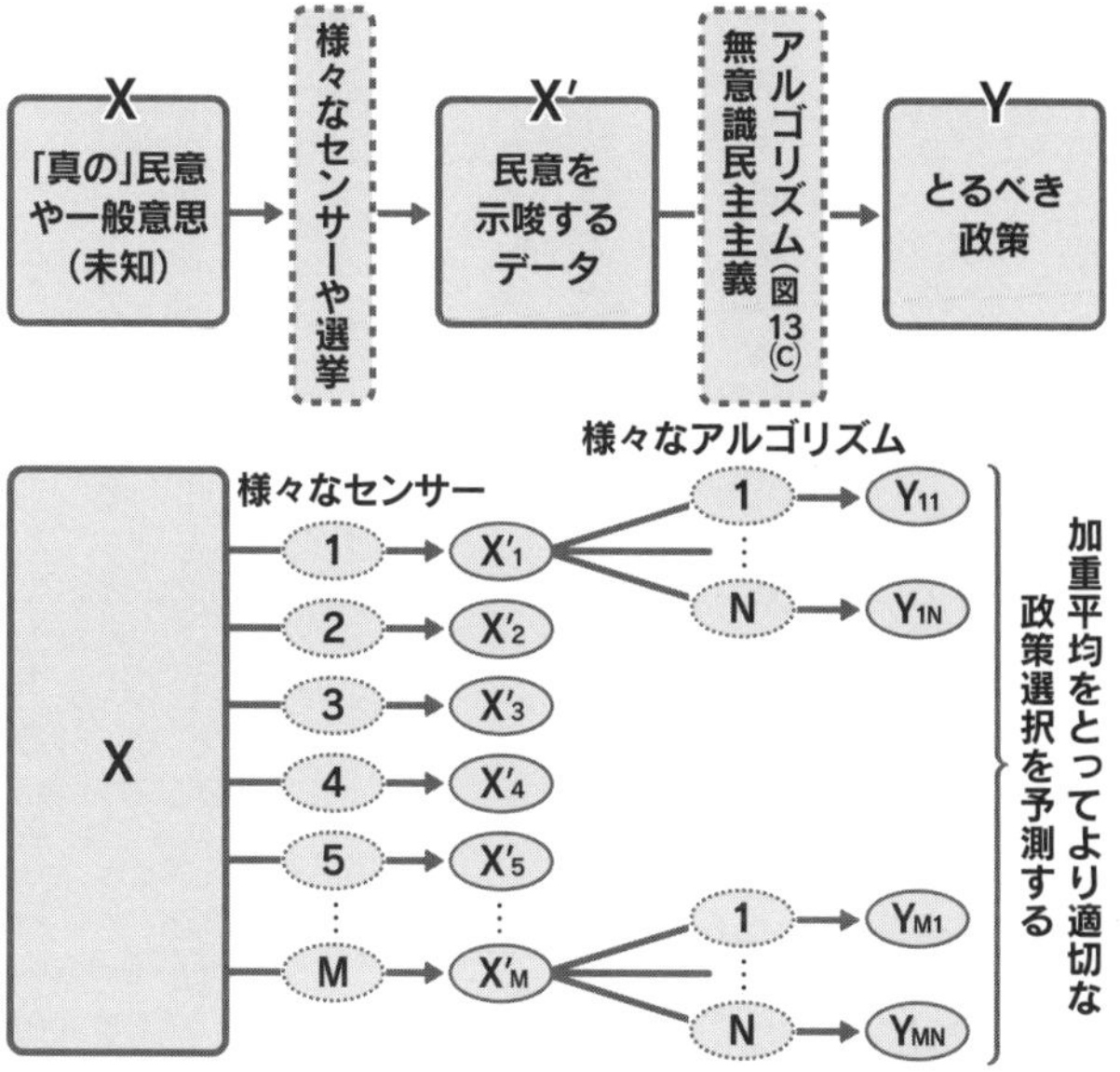

だが、たくさんのアルゴリズムを足し合わせて平均を取れば、歪みが打ち消されてより精確な予測が作り出せるという発想だ。この発想が正しいことが多いことも実世界応用で裏づけられてきている。

それが一体、無意識民主主義とどう関係するのか？

民主主義はデータ変換であるというテーゼを思い出

してほしい。Xが民意データ、Yがとるべき政策とすると、民主主義の課題はXからYを決める適切なデータ変換ルール・アルゴリズムを作り出すことになる。問題は民意Xが直接にはわからないことだ。そのため、選挙やそのほかの様々なセンサーやメディアを使って民意Xを示唆するデータを抽出する。ここで平均化やアンサンブル化の発想が役に立つ。

入力データXを様々なアルゴリズムで変換してその平均やアンサンブルを取るように、**無意識民主主義も直接は見えない民意Xを様々なセンサーから読み取ってその平均やアンサンブルを取る**（181ページ図18(B)）。選挙も民意に関する一つの歪んだデータであるように、他のチャンネルも固有の歪み・偏りを持っている。だが、**様々なチャンネルを融合して平均を取ることで、その歪みを打ち消せる。**解像度や入射角の異なる様々な民意データを組み合わせることの利点がここにある。

さらに、第3章「逃走」における競争性と多元性の議論を思い出してほしい。**平均**

化・アンサンブル化されるアルゴリズム群は、無意識民主主義にデータ・アルゴリズムの多元性と競争性をもたらす点にも注目してほしい。多様な民意データ源たちが互いに競い合いながらより良い民意抽出を目指す。無意識データ民主主義が民主主義たる理由がここにある。

アルゴリズムで民主主義を自動化する

エビデンスに基づく価値判断、エビデンスに基づく政策立案

無数のチャンネル・センサーから抽出された民意データのアンサンブルの上に芽吹くのが、無意識民主主義である（165ページ図13(C)）。常時接続の選挙なき社会的選択と言ってもいい。

一般意思が練り込まれた非構造データを食べて意思決定するのが無意識民主主義アルゴリズムだ。このアルゴリズムのデザインもデータによって行われる。人々の民意データに加え、GDP・失業率・学力達成度・健康寿命・ウェルビーイングといった成果指標を組み合わせた目的関数を最適化するようにアルゴリズムが作られる。もう

ちょっと具体的には、意思決定アルゴリズムのデザインは次の二段階で行われる。

(1)各論点・イシューごとに、まず価値判断の基準や目的関数を民意データから読み取る。たとえば経済政策に欠かせない「どれくらいの平均的成長のためにどれくらいの格差であれば許せるのか」といった価値判断への答えを民意データから読み取る。

(2)次に、その価値判断・目的関数にしたがって最適な政策的意思決定を選ぶ。この段階は、過去の様々な政策がどのような成果指標に繋がったのか、過去データを使って効果検証することで実行される。

(2)はいわゆる「エビデンスに基づく政策立案（Evidence-Based Policy Making; EBPM）」に近い。一方で、(1)は今の世界ではほとんど行われても目指されてもいないので、**「エビデンスに基づく目的発見（Evidence-Based Goal Making）」**や**「エビデンスに基づく価値判断（Evidence-Based Value Judgement）」**と言っていい。これは私が勝手に作った造語である。(2)手段最適・無駄削減のためのデータ・エビデンスの利用と(1)目的発見のためのデータ・エビデンスの利用の融合である。こうして、165ページ図13(C)のような無意識民主主義の全体像が立ち上がる。

論点・イシューは星の数ほど存在するので、民意データは興味を示さず、成果データからもどうすべきかなんとも言えない論点もある。そうしたときはランダム（無作為）に選んでしまう。

無意識民主主義アルゴリズムの学習・推定と自動実行のプロセスは公開されている必要がある。選挙のルールが公開されているのと同様だ。オープンソース的な開発コミュニティが検証・更新を行い、ブロックチェーンに基づく自律分散型組織（DAO、Decentralized Autonomous Organization）で動く。

すでに世の中にあるアルゴリズムや人工知能と何が違うのか説明するのも役に立つ

かもしれない。アルゴリズムによる推薦・選択は今の社会でも行われている。オンラインショッピングなどでユーザーの属性や過去の閲覧行動データから商品を薦めてくれる推薦アルゴリズムがその典型だ。そこでは、アルゴリズムが選択を行う際の価値基準・目的関数はアルゴリズム設計者の手で与えられている。クリック率を高めたい、収益を上げたいといった価値基準だ。その価値基準を最適化するためのサービス設計や推薦・選択をアルゴリズムが担う。これが現在の社会で使われているアルゴリズム・人工知能で、(2)「エビデンスに基づく政策立案」の自動化されたビジネス版である。

そんな既存のアルゴリズムを無意識データ民主主義が拡張する。何を価値基準とするのか自体を民意データから学習するからだ。こうまとめるのがいいだろう。

無意識データ民主主義
＝(1)エビデンスに基づく価値判断（新たなアイデア）
＋(2)エビデンスに基づく政策立案（枯れたアイデア）

データ・エビデンスの二つの顔

⑴と⑵をもう一段深掘りしてみよう。近代民主主義の建前では、国家と政策を導く根源は人々の一般意思や民意だろう。一般意思を抽出するための古き良き不完全なインターフェースが、たとえば選挙やロビーイングだ。選挙やメディア・陳情を通じて国民から意思を与えられた立法・行政は、資源や専門性・暴力の占有を通じ、意思を遂行するための政策手段を実行する。そういう筋書きになっている。

しかし、ふと世界を眺めてみると何かおかしい。立法・行政が選んだ手段は効いているのか怪しい。何より、一般意思の汲み取り機であるはずの選挙の網目が粗すぎる。与党vs.野党、保守vs.進歩といった的外れな謎の二択を迫ることしかできず、世界各地で選挙ハックされ放題というのが現在である。

そこで現れるのが「データ」、そして「エビデンス」(データに基づく証拠)だ。これら横文字群の役割の一つは、エビデンスに基づく政策である。政府や自治体をデジタル

図19：手段改善のためのデータ、目的発見のためのデータ

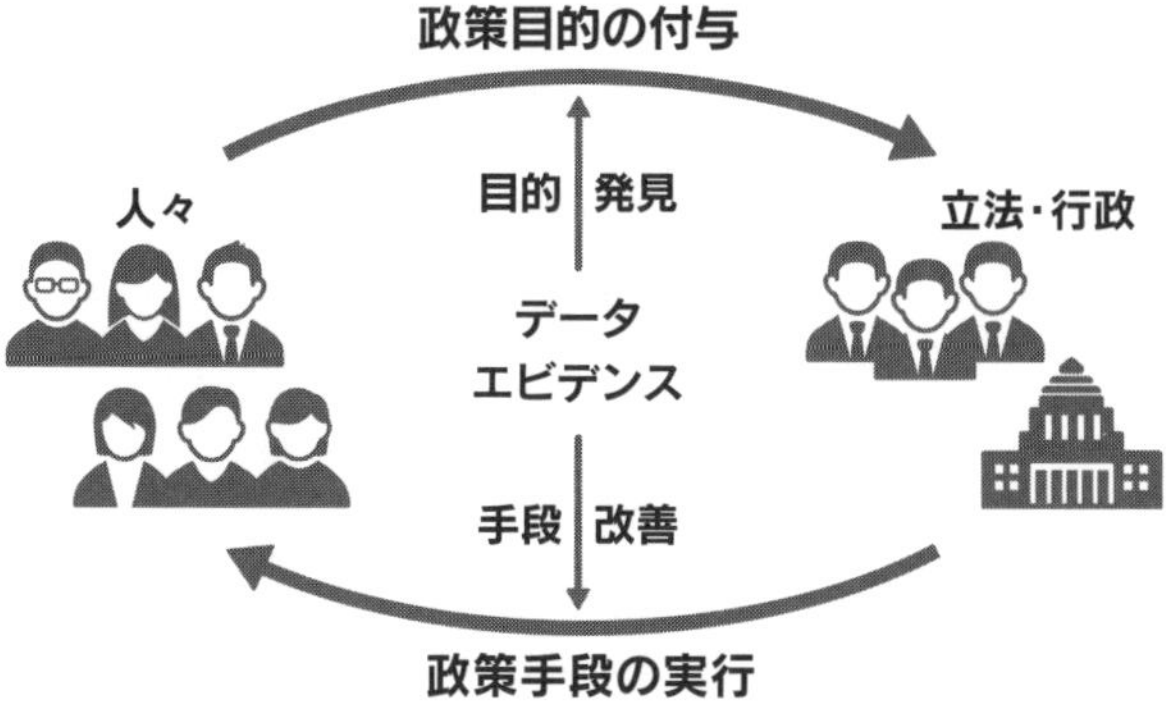

化して効率化し、デジタルデータで最適な政策を発見しよう――つまり、与えられた目的に沿った無駄削減や手段改善だ。

しかし、データにはもう一つの隠れた役割がある。意思や目的の発見だ。人々の意識的な声を吸い上げる選挙に加えて、人々の意識しない暗黙の欲求や目的まで、データから見つけ出すことはできないだろうか？（図19）。**データ・エビデンスの二つの役割を融合すると、無意識データ民主主義が立ち現れる。**

どんなセンサーでどうデータを収集し、(1)と(2)をどう計算するのか、データや計算の権限は誰が握るのか。未解決問題は山盛りだ。だが、おぼろげなシルエットは見えている。この感覚が大事だ。

出力側：一括代議民主主義を超えて、人間も超えて

データに委ねられ無意識のうちに自動執行される無意識民主主義は、かつてない拡張可能性（スケーラビリティ）と自由度を獲得する。何より人間が選択肢を意識的に咀《そ》嚼《しゃく》する必要がなくなり、ポスターのスペースやテレビの尺が重要な制約ではなくなる。無意識民主主義アルゴリズムは疲れを知らないので、無数の政策イシューや論点に同時並行に対処して意思決定していける。選択肢はいくら複雑でも多数でも何百万個並列していてもいい。

政策論点は無数にあり、それぞれの論点に対する有権者や政治家の思いや知識は濃淡様々だ。それを全部まとめて、数年に一度の選挙で特定の政治家や政党に託してくれという過度に単純化・離散化された人間依存な発想を止める。「常時自動並列実行」

で置き換える。結果として、選択や情報処理を人間の手に負えるくらい単純化するために必要とされた政党や政治家は選択の単位ではなくなるだろう。

何が意思決定アルゴリズムの選択肢（出力の対象）になるのか？　複雑多数のコト、つまり個々の政策論点だ。出力側には、個々の政策論点・イシューごとに意思決定が行われる大量の出力チャンネルを作り出し、より豊かに多チャンネル化・高次元化する。政党や政治家にすべての政策論点を一括して意思を委ねる必要もなくなる。こうして、民主主義の入力側からも出力側からも、人間の姿が消えていく。

「しょせん選挙なんか、多数派のお祭りにすぎない」

大事なのが、少数派の声をどう汲み取るかだ。第2章「闘争」で触れたように、今の選挙民主主義の欠点は、「あらゆる論点にみんなが意見を持つ」という無理ゲーな建前が適用されていることだった。たとえば、特定のマイノリティ集団に関する制度設計が必要なのに、ほとんど無関係な多数者の持つ乱数のような利害や意見が選挙を支配してしまう。ＬＧＢＴ（性的マイノリティ）法制がその典型だ。

少数派問題を解決するため、選挙制度改革が提案されて久しい。各問題に抜き差しならない影響を受けたり与えたりする人に自分の票を委ねる、投票バウチャーを配って各自が自分にとって大事な論点に対する投票権だけ購入する、といった第2章「闘争」でも触れた選挙改変だ。

だが、煮え切らない消化不良感がある。そもそもみんなが参加してみんながすべての論点に同時に声を発する選挙というお祭りをしていること自体が問題を生んでいるのに、選挙そのものを諦めないのはなぜなのだろう？　なぜ選挙の抱える問題を選挙ルールの修正で乗り切ろうとするのかというそもそも論だ。

一見ラディカルに見える選挙制度改革案は、その実、「有権者が教育を受け情報を手に入れてうんうんとうなって考えて意識的に誰・何に投票するかを選ぶ」という、選挙による「意識民主主義」に集中しすぎている。そして、現状の単純な多数決選挙でさえ誘導や煽動に負けて混乱した群衆行動をしてしまう有権者に、「何にどれだけの投票権を投じるか」「誰に自分の票を委ねるか」といったさらなる認知負荷をかける改革案を持ち出してしまう。意識民主主義の強化である。だが、むしろ逆に、意識民主主義を諦めてしまうのはどうだろう？

選挙を意図的に軽視する無意識民主主義なら、当事者たる少数の嗄《か》れかけた声、悲愴な表情を吸い上げることができるかもしれない。個別政策イシューごとに、それに重大な影響を受け、抜き差しならない関心を持つ人々の切実な声は民意データに色濃く映り込むだろう。イシューごとの切実な声をエビデンスに基づく価値判断は重視できる。そして、そういう切実な声を重視すればするほど多様性や幸福度などの客観成果も上がるなら、エビデンスに基づく政策立案も成果を求めて切実な声を重視するような選択をしていく。

そうなれば、民主主義の足の裏のトゲもいよいよ取れるかもしれない。「多数派」と「少数派」の相克《そうこく》だ。無意識民主主義では、「多数派」と「少数派」のラベルは薄れる。論点や時点ごとに絶えずアルゴリズムと選択が流転していく無意識民主主義では、「多数派」と「少数派」は次の瞬間にはひっくり返ってしまう陽炎《かげろう》でしかないからだ。そうして、無意識民主主義ではすべての人が多数派であると同時に少数派になる。選挙パフォーマンス・アーティストの外山恒一が東京都知事選の政見放送で叫んだように「選挙で決めれば、多数派が勝つに決まってる」とすれば、無意識民主主義ではすべての人が場面や局面ごとに多数派であり少数派である。「しょせん選挙なんか、多数派のお祭りにすぎない」とすれば、無意識民主主義は多数派＋少数派の日常になる。[*7]

闘争する構想

こうして構築される無意識民主主義アルゴリズムには、第2章「闘争」で議論した民主主義の故障への対策がすべて組み込まれている。

(A)選ばれた政治家が未来と外部・他者に向かって政策を行うインセンティブを作る
↓**無意識民主主義アルゴリズムには長期成果報酬年金が内蔵されている。**無意識民主主義アルゴリズムの部品(2)のエビデンスに基づく政策立案は成果を最大化するように定義・構築されているからだ。この部分に長期の成果指標を組み込めば、実質的に無意識民主主義を長期成果報酬年金で動機づけているのと同じになる。

(B)有権者が政治家を選ぶ選挙のルールを未来と外部・他者に向かうよう修正する
↓無意識民主主義アルゴリズムは長期成果報酬年金で動機づけられ、未来と外部・他者志向の意思決定へと誘導されている。**選挙のルールを修正するというまどろっこしく間接的な対策なしに、無意識データ民主主義は直接に未来と外部・他者に向かう。**

そして、成果指標を政治家や有権者の寿命も超えた超長期のものに設定することもできる。そうすれば、第2章「闘争」で軽く妄想した「遠い未来の成果報酬を現在の政治に織り込むこと」も原理的には可能になる。無意識民主主義は、まだ生まれておらず声を発せない未来世代の利害を考慮することさえできるかもしれない。「今生きている者しか声を発せない」という選挙の欠陥から決別できる。

(C)有権者の脳内同期や極論化を作るソーシャルメディアに介入して除染する
↓選挙に限らず無数の民意データ源をブレンドする無意識民主主義は、インターネットやSNSによる有権者の意識と選挙の劣化と汚染から半分逃れられる。

こうして、無意識民主主義は民主主義の故障と闘争する総合格闘技の様相を呈してくる。

「一人一票」の新しい意味

無意識データ民主主義においては、一人一票の意味も進化する。

各イシュー・論点に対する切実さは人それぞれなので、各イシュー・論点に対してすべての人が同じ影響力を持つ必要はない。言いかえれば、**各イシュー・論点については一人一票でなくてもいい。**

ただ、社会や世界全体に対する切実さは皆同じで、天才もバカも専門家も情弱も、ビリオネアも貧乏人も、無意識民主主義的意思決定に対する総影響力は同じであるべきだろう。

だから、**イシュー・論点で平均を取った総影響力または平均的影響力は同じでなければならない**という制約を課す。各人のデータが意思決定出力に対してどれくらいの影響力を持っているかを測る手法がここ10年ほどで複雑なアルゴリズムについても開発されてきた。[*8] そのような手法を流用することで、すべての人が同じ総影響力または平均的影響力を持つような無意識民主主義アルゴリズムを実現できるはずだ。

無謬主義への抵抗としての乱択アルゴリズム

すぐに心配や懸念が湧いてくるだろう。アルゴリズムに政治家・政党の代行ができるわけがない、アルゴリズムが間違いを犯したらどうするのだと思われるかもしれない。ましてや「困った時はランダムに選択」などもってのほかだと思われるだろう。

だが、人間もしょっちゅう間違いを犯す。叩かれてばかりの政治家や自分自身の日常を振り返れば明らかだ。アルゴリズムより人間が優れていると思い込まなければならない理由は何もない。そして残酷なことに、なかなか変われない人間と違い、アルゴリズムは猛烈な速度で学習し進化している。

さらに言えば、むしろ間違いを歓迎してもよいのではないか。アルゴリズムとランダム選択による間違い込みの選択は、どの選択が正しいのかわからず混乱した私たちに、世界の新しい一面を見せてくれるかもしれないからだ。実際、自称ノマド芸術家のマックス・ホーキンス氏は、自分の好みによる「間違いのない」選択に退屈し、毎朝サイコロで行き場所や食べる物を決め、偶然に身を委ねる生活をはじめたという。

アルゴリズムと偶然による自動化された民主主義も、無謬主義と責任追及で閉塞した社会に逃げ道をもたらしてくれるかもしれない。そして時にランダムな選択は、どんな選択がより良い成果をもたらすのかを教えてくれる社会実験となり、未来の無意識民主主義に貢献するデータを作り出してくれる。

アルゴリズムも差別するし偏見も持つ

もちろん、無意識の民意データを集めることに危険もある。人の無意識に備わった差別的な考えや偏見が炙り出されて増幅される危険があるからだ。実際、人間の思考や行動のデータから学習する際、人工知能（機械学習アルゴリズム）は偏見や差別的思考・行動までも学んでしまうことがある。たとえばアメリカなどいくつかの国では、警察や裁判所がパトロールや逮捕、保釈の決定を機械学習アルゴリズムに基づいて行うことがある。ただ、これが炎上している。放っておけばアルゴリズムは犯罪予測精度が上がることなら何でもするので、民族・性別差別主義的アルゴリズムがあっという間にできあがるからだ。

アルゴリズムにおける公平や平等をどう担保するのかという問題は、大流行中の研究トピックである。私と友人たちも最近国際コンピューター学会（ACM）で「アルゴリズムと最適化における公平性とアクセス権」という国際会議をはじめた。

この問題を解決するには二つの道がある。差別的動物である人由来のデータからアルゴリズムが偏見を学んでしまわないようにアルゴリズムをいじる方向、そしてそもそもデータ源としての人から差別や偏見をなくしていく方向である。

私は前者の方が有望だと考えている。人間を変えるよりも、アルゴリズムを変える方が簡単だからだ。アルゴリズムが差別主義者にならないようにする手法の開発が猛烈な勢いで進んでいるので、その進展を無意識民主主義アルゴリズムにも組み込んでいけばいい。

選挙vs.民意データにズームイン

もちろん以上の話はちょっと単純化しすぎである。今の選挙も、ある日突然何の前ぶれもなく行われるわけではない。単純化された意思が表明され勝敗が決断される選挙の手前で、無数に存在している争点のどれが今旬か捉え、有権者のムードや民意を読みながらマニフェストや政策パッケージをまとめあげていく作業が政党や政治家、メディア、ロビイストによって行われている。最終的には票の粗い集計でしかなくなるとはいえ、選挙に至るプロセスの中に有象無象の民意データがそれと言わずに反映されている。

ただ、その選挙前段階の民意推察が、現状では明文化されていないブラックボックスで、関係者の楽屋で行われていて記録も貧しい。普通の有権者からすれば、よくわからない形で圧縮された政策パッケージがどこからともなく降ってきて、いくつかのパッケージ間での選択を問われる。しかも対立するパッケージを見てみると、政党間で何が違うのかよくわからないぐらい似通ってしまっていることも多い。

そんな現状と対比した無意識データ民主主義は、民意を読みながら政策パッケージをまとめ上げる前の段階をもっとはっきり可視化し、明示化し、ルール化する試みだとも言える。そして、ソフトウェアやアルゴリズムに体を委ねることで、パッケージ化しすぎずに無数の争点にそのまま対峙する試みとも言える。その副産物として、政党や政治家といった20世紀臭い中間団体を削減できる。

ウェブ直接民主主義から遠く離れて

無意識データ民主主義は、「ウェブを使った直接民主主義」とも違う。インターネット時代には、政党・政治家などの中間団体を介さずに、すべての市民が特定の論点に直接投票する大規模な直接民主主義が可能になる。丘の上に集まって大声を張り上げて行われていた古代ギリシャ・アテネの直接民主主義の全地球拡張が可能になる。インターネット黎明期によく語られた夢だ。

確かに、ウェブ直接民主主義が技術的・物理的に可能か不可能かと言われれば、可能になりつつある。だが、**たとえ実現可能でも、ウェブ直接民主主義には二つの大きな壁**がある。

第一に、選挙民主主義が抱えるのと同じ同調やハック、分断といった弱さを持つ。第二に、一定以上の数のイシュー・論点を扱うことが無理である。たとえ全地球直接民主制アプリで1イシュー1秒で投票できるとしても、10万回投票してくれと言われたらソッとアプリを閉じたくなるだろう。この二つの壁が避けられないのは、ウェブ直接民主主義も人々が意識的に考えて投票する意識的選挙民主主義の一形態であるからだ。

ウェブ直接民主主義のこの困難を乗り越えるのが、無意識データ民主主義である。

無意識データ民主主義は、投票（だけ）に依存せず、自動化・無意識化されている。その結果、多数のイシュー・論点に同時並行対処できる。意識的な投票・選挙が作り出す同調やハック、分断も緩和することができる。

不完全な萌芽

　無意識民主主義に燃料が入ったと想像してみよう。市民がデバイスの推薦に身を委ね、瞑想アプリで自分の内面と向き合うように、政府は無意識民主主義アルゴリズムの神託に身を委ねる。選挙や世論から部分的に隔離され、様々な民意データ源を組み合わせて論点ごとの目的関数を形成し、それを最適化する政策的意思決定が論点ごとに自動実行されていく。

グローバル軍事意思決定OS

　そんな無意識民主主義の萌芽が部分的に、不完全に見られる政策領域もすでにある。たとえばアメリカの国防総省などが使っているPalantir社のGothamという

図20：グローバル軍事意思決定OS Gotham

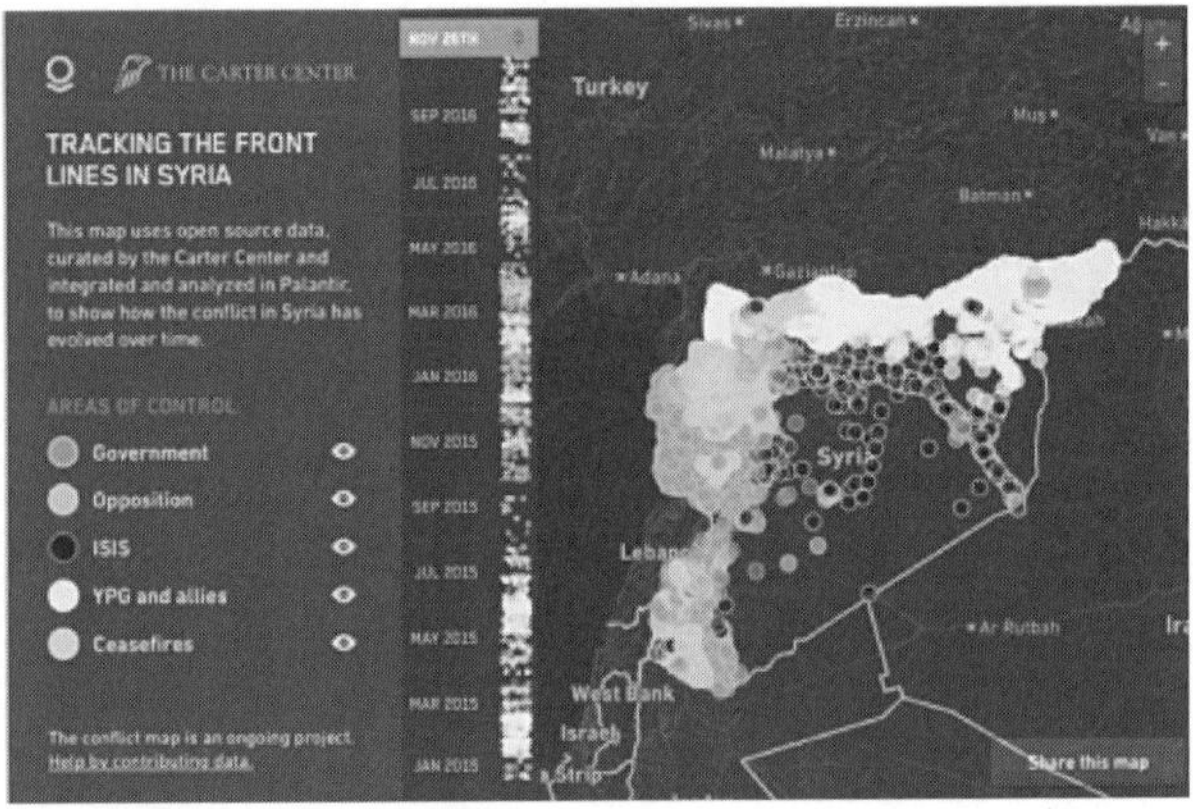

出典：Palantir Technologies, Inc.

SaaS（Software as a Service; クラウドサービスとしてのソフトウェア）である（図20）。衛星などのセンサーを通じて他国の戦闘機や軍艦・潜水艦の動向をリアルタイムで把握し、不規則行動が見られた場合にありえるシナリオをいくつか予測、とるべき行動の優先順位を推薦する。「グローバル軍事意思決定ＯＳ」を謳う製品だ。偶然か必然か、このPalantir社を共同創業したのもすでに出てきた「反民主主義者」ピーター・ティールである。

金融政策機械

軍事・安全保障だけではない。経済政策

にも無意識データ民主主義の萌芽がある。

たとえば金融政策だ。米国の中央銀行では、公定歩合をどの水準に設定するかを助けるためのマクロ経済予測アルゴリズムが存在し、総裁の意思決定に陰に陽に影響を与えている。**金融政策の意思決定が、部分的にはアルゴリズム化／ソフトウェア化されている**ことになる。巨大なマクロ経済モデルに最近の経済統計データを流し込むと、ガチャガチャと推定された上で、最適そうに見える金融政策選択の候補が出てくるイメージだ。それをちょっとポンコツな神託のような存在として捉えて、中央銀行が意思決定のために考慮するということが、すでに行われている。[*9]

もちろんまだ限界もあり、今中央銀行が使っているアルゴリズムが読み込むのは、伝統的な経済統計に記録される物価やＧＤＰ、消費量のような限られた変数だけだ。いずれ世界中のサプライチェーンの動きや購買行動、そして消費中の表情などを中継するセンサーデータの山を常時読み込む世界経済模型のようなものに拡張していくだろう。

マルサの女・税制アルゴリズム

他にも税制の設計が例として挙げられる。税制は経済政策の大問題の一つである。政府や国家を回すためには国民から税金を搾り取る必要があるが、税率を高めすぎればみんな働く気をなくして経済が壊れてしまう。高すぎも低すぎもしない、いい塩梅の落としどころに税率を決めてやる必要がある。

これまでは、過去の成り行きや世論の風見鶏やロビイストの陳情や予算表計算スプレッドシートなどに基づいて、政治家やパシられる官僚が寝ずの調整で税率を決めることがほとんどだった。それに対して、経済学者は数学的な経済モデルに基づいて最適な税率を計算、それを政策提言してきた。だが、どちらも忘れてアルゴリズムに税制のデザインを任せてしまうのはどうだろうか?

そんな発想をした Salesforce 社とハーバード大学の研究チームは、人工経済を作って税制を深層強化学習アルゴリズムで決めてみた。[*10] 将棋や囲碁などをプレイする人工知能にもよく使われる、試行錯誤しながら意思決定を動的に最適化していくアルゴリズムだ。すると、経済学が導く最適税制よりもさらに高性能な税制が生まれたらしい。理論も実験も交渉も必要ない。

さらに嬉しい利点もある。税制の悩みどころは、どんな税制を設計しても節税テクを駆使して税制の穴をついてくる連中が湧いてくることだ。そういう連中にもアルゴリズムは自動的に対処してくれる。節税テクニシャンや脱税野郎たちの行動も、アルゴリズムが食べる経済統計データの中に自動的に反映されていくからだ。そのデータに最適反応していくアルゴリズムは節税テクと自動戦闘してくれる。この試みもまた、政治家も官僚も経済学者も機械で置き換えようという無意識民主主義の夢である。

こうした先駆例が生まれたのは、たまたま金融政策や税制が数学的に表現しやすく既存の経済統計データと相性が良かったからだと思われる。これに相当することが、もっと幅広い公共政策や政治の意思決定で起きていく。

萌芽の限界：自動価値判断とアルゴリズム透明性

これらの例は、しかし、無意識民主主義に向けたよちよち歩きの不完全な第一歩でしかない。大きな限界が二つある。

第一に、エビデンスに基づく価値判断が欠けている。既存の例では、価値判断基準が誰の目にも明らかであるか、価値判断はアルゴリズムを使う人間に委ねられている。

金融政策の場合には、アルゴリズムが示すのは様々な金融政策選択下でマクロ経済指標に何が起きるかのシナリオ予測であることが多い。そこから選択を行う価値判断・最終選択ステージは人間に委ねられている。軍事意思決定の場合には、武力衝突や敵方の限度を超えた不規則行動の回避が目的であることがはっきりしている。単一の明瞭な目的や指標がない場合に、いかにエビデンスに基づく価値判断を行い、アルゴリズム自身に価値判断を代行してもらうか？　解くべき最大の未解決問題がここにある。

エビデンスに基づく目的発見・価値判断はかすかに芽生えはじめている。ここ数年、中国共産党政権の経済政策が急変したとよく言われる。世界の時価総額の最上位に食い込むグローバル企業や資産数兆円の資産家を数多く育成してきた、稼いでなんぼの金満政策から方針転換が起きている。富の偏在を問題視し、起業家や資産家を敵視しさえするような「共同富裕」政策への転換だ。

まことしやかに語られるのは、この態度変化を引き起こしたのが中国版Twitterである Weibo《ウェイボー》からの民意データだという可能性だ。Weiboで格差や不平等を嘆いたり、金持ち叩きの声が湧き上がっていた、それが共産党政府の態度を変えさせたのだという解釈だ。

これが本当か、本当だとしてどれくらいWeiboデータが致命的な役割を果たしたのか？　答えは中国共産党にしかわからない。だが、この寓話はエビデンスに基づく目的発見の原イメージを提供してくれる。民意データに基づいて経済政策の目的関数を成長や巨大企業の育成から分配へと急旋回させる価値転換だ。

こう説明してみると、一見突飛なエビデンスに基づく目的発見が、実はすでにどんな政府も多かれ少なかれやっているメディア風見鶏の自然な延長線上にあることがわかる。**違うのは、エビデンスに基づく目的発見は透明なアルゴリズムによって自動的に行われる**ことだ。

既存の例の**第二の限界は、意思決定アルゴリズムが非公開で不透明であることが多いことだ。**現状は、法の支配以前の野蛮状態を思わせる。アルゴリズムが民主主義的手続きを体現するためには、アルゴリズムの公開が必要だ。法が明文化され、透明化されてきたのと同じように。無意識民主主義政府を縛り、その理念を合憲・違憲判断・炎上・提案に晒すことが欠かせない。価値基準や意思決定を決めるのに使われるデータ自体はプライバシーなどの制約から公開できずとも、データをどう使ってどう決めるかという無意識民主主義ルール・アルゴリズムはガラス張りにする。国民投票でも選挙でも、個人の投票用紙（＝データ）自体は公開できないが、投票から結果がどう決まるのかの投票集計ルールは公開しているのと同様だ。

だが、どうすれば私企業も開発にかかわるアルゴリズムを公開させられるのか？過去数百年のアナログ憲法の歴史をなぞる血と暴力の革命か、あるいは新種のデジタル立憲運動か？　ここにもう一つの未解決問題がある。

無意識民主主義の来るべき開花

こうした限界が乗り越えられた社会を想像しよう。エビデンスに基づく価値判断を備え、透明に公開された真の無意識民主主義アルゴリズムがあらゆる政策領域に浸透していく。今ある政策機械は推薦するのみで、最終決定は人間の政治家や官僚が手を

図21：アルゴリズム選択の正統性：推薦から指導へ

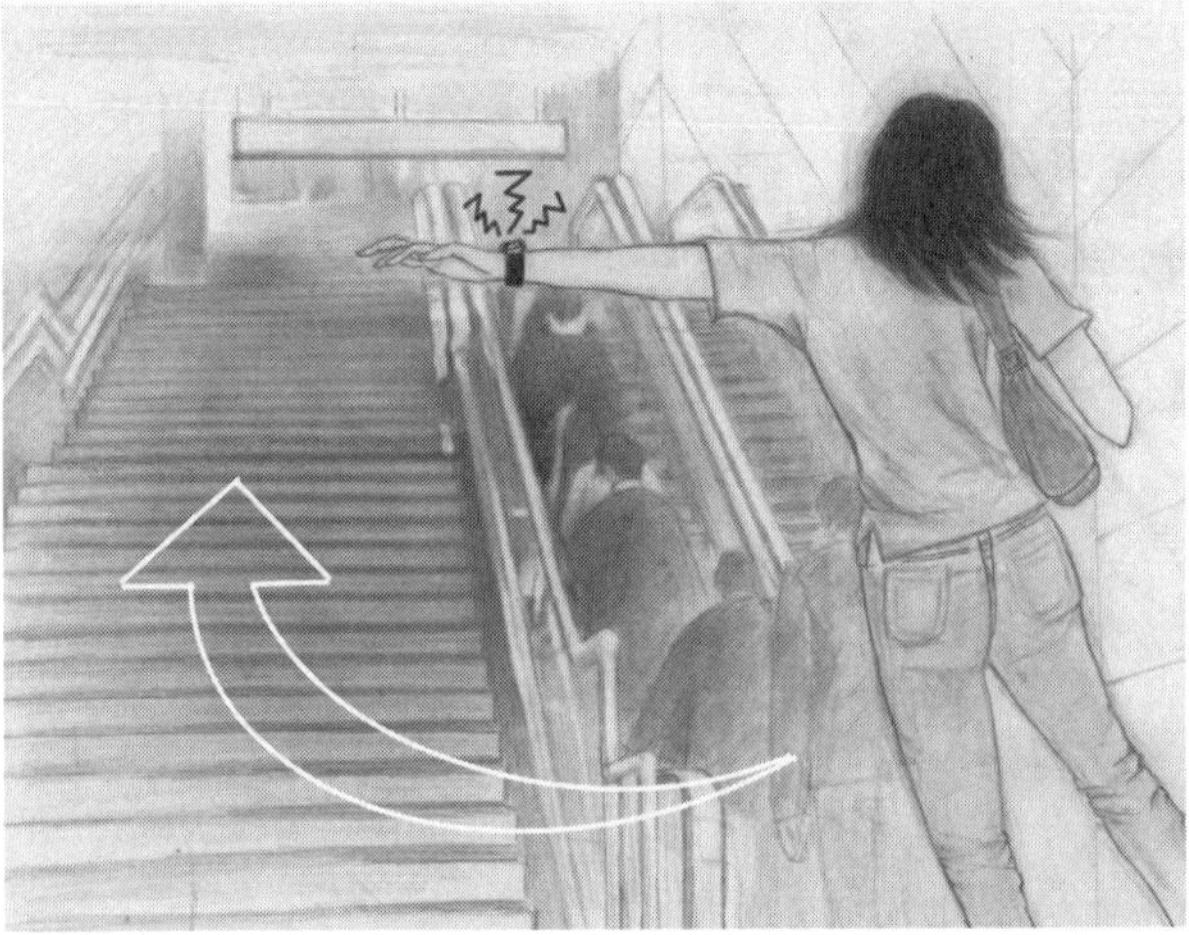

下している。だが、だんだんと最終決定まで政策機械が行うようになる。人間はラテでも飲みながらゲームしつつ、政策機械が暴発していないことだけ横目で確かめるだけになっていくだろう。

こうした流れがある時点を過ぎると、無意識民主主義が意識民主主義の全身に寄生する。その結節点のイメージが個人に関してよく現れているのが、最近のApple WatchのテレビCMだ(図21)。これまで個人が使うデジタル装置は人間を補助し推薦する存在だった。スマホの通知のようなイメージで、そこから先の行動はユーザー次第だ。しかしこのCMのApple Watchはちょっと違う。人が怠惰な行動をとりそうになると、Apple Watchがその人の歩く方向をぐいっと変えて、車に乗る代わりに自転車に乗せたり、ベッドに横たわる代わりにプールで泳がせたりする。時計に引っ張られて生活がデザインされていく強烈な視覚的イメージを与える。

人間を指導し強制する機械だ。未来のユートピア/ディストピアではない。テレビに映る今の日常である。デバイスという上司に人間という部下が引きずり回されているような意思決定でも、その意思決定がちゃんと動いていると感じられたら「それでいい」という正統性が付与されていく。そういう意思決定の正統性概念の変容が社会全体に起きていくのだろう。まず個人に対して起き、ついで企業に対して起きていく。そして国家にいたる。

民主主義による政策決定のほとんどは無意識に自動実行されるようになり、はじめはApple WatchのCMのように違和感を催すが、やがて慣れ、気づいたときにはそれが当たり前でもはや認識できなくなる。政治の無意識が開拓され、国家の骨格調整と人格改造が完了する。

SFというほど大それた話ではない。歴史を千年遡って武士や農民たちにアンケートをすれば、今のような全国選挙ですら荒唐無稽で採算度外視の暴挙だと答えるに違いない。規模・速度・費用を決める技術環境と価値観が変化すれば、数十年から百年単位で可能になる。無意識民主主義は退屈で常識的な近未来像だ。

民主主義はグダグダで後手後手なので有事に弱いと言われてきた。一方で、独裁や専制は指導者が狂えばすぐに有事を作り出してしまう。民主と専制のいいとこ取りをした幸福な融合はありえないだろうか？

無意識民主主義は一つの答えを与えてくれる。**民意データを無意識に提供するマス**

の民意による意思決定（民主主義）、無意識民主主義アルゴリズムを設計する少数の専門家による意思決定（科学専制・貴族専制）、そして情報・データによる意思決定（客観的最適化）の融合が無意識民主主義であるからだ。

政治家不要論

無意識民主主義は、生身の人間の政治家を不要にする構想でもある。不要になった政治家は、古い薬局の前に立つマスコット人形のようにホコリをかぶった存在になるだろう。

確かに、今の私たちはまだその境地には程遠い。何をするときでも、いざとなれば「店長呼んで！」と怒鳴りつけられる生身の責任主体を求める発想から抜け出せない。自動運転がわかりやすい例だ。手動運転より安全だと頭やデータではわかっていても、いざとなれば糾弾《きゅうだん》できる誰かが運転席にいないまま人の命が運ばれていくことに、なぜか耐えられず不安になる。私たち古い人類にはそういう認知の癖がある。無意識民主主義が可能になったとしても、いざとなればふと我の意識に戻ってフルボッコにできるサンドバッグやマスコットとして政治家が必要だろう。ただ、2世代先、3世代先になれば、それさえいらなくなる。そのとき、賭けてもいいが、ほとんどの政治家は海岸線の砂に描かれた顔のように消えるだろう。

もうちょっと深掘りしてみよう。現在間接代議民主主義で政治家が担っている役割は主に二つある。

(1) 政策的な指針を決定し行政機構を使って実行する「調整者・実行者としての政治家」

(2) 政治・立法の顔になって熱狂や非難を引き受け世論のガス抜きをする「アイドル・マスコット・サンドバッグとしての政治家」

である。

私は「調整者・実行者としての政治家」は、ソフトウェアやアルゴリズムに置き換えられ自動化されていくと思っている。そして「アイドル・マスコット・サンドバッグとしての政治家」はネコやゴキブリ、VTuberやバーチャル・インフルエンサーのような仮想人に置き換えられていくと読んでいる。

政治家はネコとゴキブリになる

ネコによる置き換えは「キャラ」問題に関係している。現在の複雑すぎる社会では、政治家が経済や医療や軍事などあらゆる課題を理解して適切な判断を下すという建前には無理がある。みんな薄々気づいているが、それを言っちゃおしまいなので、人間たちが大問題についてそれっぽいことをまくしたてるテレビの政治討論を倦怠感とともに眺めている。

本音では、しかし、政治家が果たすべき最大の役割は無数の課題に対する合理的判断ではなく、「いい感じのキャラ」を提供することだとわかっている。**人としての器**

図22：マスコットとしての政治家

撮影：赤井孝美

出典：読売新聞社

出典：日刊スポーツ／アフロ

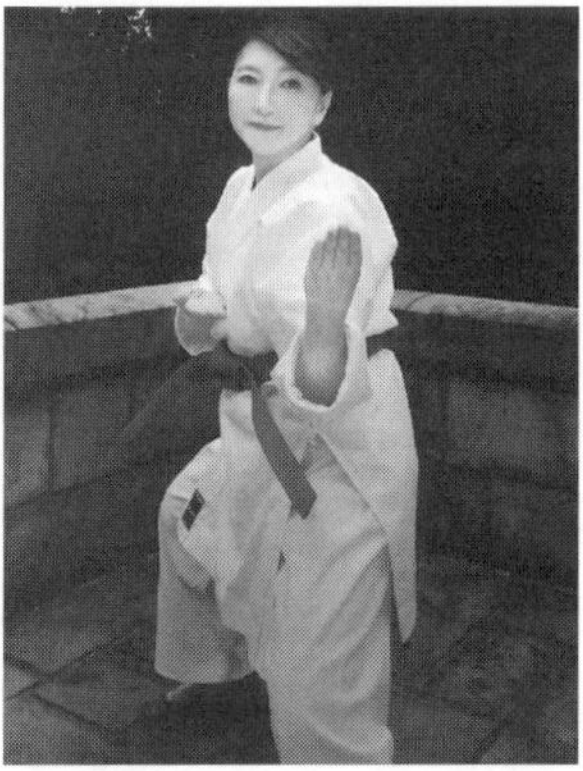

出典：週刊 Flash「空手道と着物をまとい『伝統文化』を継承する――片山さつき大臣」光文社、2019 年 7 月 23 日発売号
撮影：野村誠一

が大きい感じ、マンガ・アニメキャラのコスプレでもして一笑いさせてくれる感じ、単にイケメン・カワイイ・イケボ、そしていつまでも噂や悪口を言いたくなる飽きさせない見出し力といったものだ（２２１ページ図22）。

だが、噛めば噛むほど味が出るキャラが必要なだけなのであれば、なぜ人間でなければならないのだろう？　たとえばネコ。ネコに被選挙権を与えたとして、ネコにキャラで勝てる人間政治家は何人いるだろうか？　アイドルとしての政治家を代替できるのはネコで、スケープゴートとして袋叩きにする政治家を代替する存在は別に作り出せばいい。ゴキブリなどを使うのがいいかもしれない。そう、ゴキブリだ。

私たちの社会はだんだん「人間を属性で区別するな」という社会になっている。男女で区別するな、年齢で区別するな、人類皆同じと考えようという方向にだんだん向かっている。この流れが今後も続くと、人間とそれ以外の動物や生命も区別するなという方向にいくと予想できる。ある種のベジタリアンやビーガンの友人たちと話すと、解体される鶏や〆られるサバが感じる痛みへの共感を切々と語ってくれることがある。あの感じだ。

数百年から数千年かけて優しく非暴力的になりつづけている人類史を考えると、[11]だんだんとベジタリアン・ビーガン的なあの感じが人類全体に拡がっていくのだろう。すると、ネコと人間の区別や、人間とゴキブリの区別は薄れて大事ではなくなっていく。そうなれば政治家の好かれるキャラはネコで、嫌われるキャラはゴキブリか何かに分解しておけばいいのではないか？　本気でそう考えている。

ネコが政治家になる世界は思ったより早く到来しそうだ。2022年春には元おニャン子クラブの生稲晃子氏が参院選への出馬を表明した。それどころではない。実は本物のネコがすでにアメリカ大統領選に出馬済みである。[12]1988年の大統領選挙に出馬したオスネコ「モリス」だ。モリスは当時人気のキャットフードの広告塔だった。テレビや雑誌に出まくっていたモリスの露出度は抜群で、そこらの政治家より高い知名度を誇っていた。

「立候補するには人間でなければならない」という制約は、大統領選の規則には実はなかった。この穴を突いて立候補したのがモリスだった。開かれた出馬記者会見で代理人の人間はこう述べたという。

「モリスは、第30代大統領カルビン・クーリッジの静かな態度、第35代大統領ジョン・ケネディの動物的な魅力、そして第16代大統領アブラハム・リンカーンの正直さを兼ね備えた候補者だ」

名演説だ。結果としては惜しくもジョージ・H・W・ブッシュ（父ブッシュ）に敗れたモリスネコは、しかし、爆発的な注目を集め広告塔を務めていたキャットフードの売上を爆増させたという。これほどの「政商」がかつていただろうか？

ネコ市長が実質的に誕生したこともある。アメリカのアラスカ州タルキートナ市だ。出馬した人間候補者を気に入らなかった住民たちが勝手にネコ市長候補「スタッブス」を擁立し、投票用紙にネコの名前を記入する運動をくり広げた。フタを開けてみると、なんと他候補を破ってしまったという逸話だ。[*13] ネコだけの特権ではない。68年のアメリカ大統領選挙にはブタが、88年のリオデジャネイロ市長選挙にはチンパンジーが、97年のアイルランド大統領選挙には七面鳥キャラが立候補し、多くの票を獲得した。[*14] 動物が人間から政治家という職業を奪うまであと一歩だ（226ページ図23）。

こうしたことを言うと「しかしネコやゴキブリは言葉をしゃべれない」と言ってくる人が多い。だが、数百年前のヨーロッパ人植民者たちは、自分たちの言語が通じない植民地の他民族のホモ・サピエンスをコミュニケーション相手や（被）選挙権の主体だなどと思っていただろうか？　ほとんど動物と同じだと見なしていたからこそ、ごく自然に奴隷として酷使できたのではないだろうか？　その精神性が時間をかけて変わってきた。

図23：政治家はネコに、イヌに、サルに、そして七面鳥になる

左上：ネコ市長のスタッブス（カナダ）@2022 NBC “Stubbs the Cat Serves as Mayor of Town.”（July 16, 2012）
右上：２人の人間を破って名誉市長になったイヌのボスコ（アメリカ）
左下：市長選で40万票集めたチンパンジーのチャオ（ブラジル Fulviusbsas（CC BY SA 4.0））
右下：大統領選で数千票獲得した七面鳥のキャラクター・ダスティン（アイルランド）
©RTÉ Archives

ネコやゴキブリも同じだ。そもそも言語を通じてゴキブリやネコとやりとりする必要もない。今の社会でも人間同士が言葉を使って議論して理解し合うよりも、ネコと人間がハグして共鳴する方が、はるかに話が早く納得感が高いことも多い。溢れるネココンテンツを見ても明らかだ。人間以外の種が使っている色々な表情やジャレ合い、音波や化学物質と、人間が使っているコミュニケーション手段の間に、何らかの翻訳が成立する予感もある。ちょうど画像生成ＡＩが人知を超えた独自のコミュニケーション言語を獲得したと報告されたところだ。[*15] ネコやゴキブリを愛し憎み、コミュニケーションした気になって責任を押しつけられる、そういう時代がくるかもしれない。

ネコやゴキブリでなくてもいい。より現実的で短期的には、VTuber (Virtual YouTuber) やバーチャル・インフルエンサーのようなデジタル仮想人がそういう存在になっていくだろう。**VTuber が政治家の身代わりになって、生身の人間政治家への誹謗中傷を引き受ける。その仮想人を鬱や自殺にまで追い込むとスッキリする……そんなサービス**が出てくれば生身の人間も仮想人も Win-Win だ。そして、VTuber や仮想人の人権を大マジメに議論する時代がくる。

「民度」の超克、あるいは政治家も有権者も動物になる

人間と非人間の融合、意識と無意識の融合は「民度」にも変化を迫る。「民度が低いwww」。よく聞く民主社会への嘲笑の決め台詞だ。たとえば第3章「逃走」で紹介した反民主主義運動やそのイデオローグは、典型的な民度運動だと言える。選ばれし高民度者たちのための理想郷を作ろうという運動だからだ。しかし、民度を上げたり新しい民度を考えたりするのではなく、民度という概念をなくすことはできないだろうか？　私たちの意識や判断を頼っている限り、民度（つまり意識や情報や思考や判断の質）という概念からは逃れられない。

そこから逃れるために、いったん人類を、その中で起きている意識しているかどうか問わない生体反応の塊に還元する。つまり人間が見下している動物の世界にいったん還元してしまう。そして意識や判断はアルゴリズムに委ねてしまう。有権者も政治

家もいったん動物になってしまい、民度が低いも高いもない状態を作り出す運動が無意識データ民主主義だとも言える。無意識データ民主主義は、民度を必要とせず、あらゆる人を含む、開かれたもう一つの意思決定の仕組みの模索である。

政治家はコードになる

こうして、アイドルとしての政治家、責任主体としての政治家はちょっとずつ蒸発しネコになる。残るは実務家としての政治家だ。

思い出そう。企業の中間管理職や事務職の役割は業務支援ＳａａＳ（Software as a Service）によってどんどん小さくなっている。個人の投資や健康・買い物の管理もどんどんアプリに委ねられるようになっている。政治だけ例外だと考える理由はない。「政治家 as a Service（政 aaS）」のようなソフトウェアが生まれるのはほぼ必至だと思われる。その小さな芽をすでにいくつか見てきた。

実際、権力拡大のためには手段を問わず、世論の風向きに年中無休で細心の注意を払う政治家という生き物は、一貫した信念や情熱を持って後悔や悩みを引きずり生活する人間よりも、必要とあらばいつでも颯爽とソフトウェアアップデートをするテスラの車か何かに近い。

「彼があっさり自分の信念の旗をひるがえして別の旗を颯々《さっさつ》としてかかげるには、一日もあれば、時にはたった一時間でも、時にはたった一分間でもことたりる。彼は理想に殉ずるのではなく、時代と歩調を合わせるのであって、時代の変転が早ければ早いほど、それだけスピードを出して時代を追いかけるのである」

（シュテファン・ツワイク『ジョゼフ・フーシェ　ある政治的人間の肖像*16』）

であれば、人間が無理をして誹謗中傷に晒されながら身も心も粉にして政治家という機能を果たすより、無意識民主主義ソフトウェアのアップデートに委ねる方が楽なのではないだろうか？　ソフトウェア・アルゴリズムには嫉妬や粘着も戸惑いもなく、無駄に心をすり減らす必要もない。毎分更新される民意データにしたがって「あっさり自分の信念の旗をひるがえして別の旗を颯々としてかかげ」るだけである。

絶えずソフトウェアアップデートされる無意識民主主義における人間の政治家や官僚の役割は、大筋ではアルゴリズムの推薦に言われるがままに動き、いざとなったら拒否権を発動するくらいのユルい存在になっていく。突飛な話ではない。高頻度取引アルゴリズムに任せておいたら相場のフラッシュクラッシュが起きて、血の気が引いて急遽人力で介入をはじめるトレーダーたち。ダイエットアプリにしたがって糖質・脂質制限をしているが、ときどき深夜にアイスをドカ食いしちゃう今の私たち。そんな今すでにある存在の延長線上にすぎない。

こうした話をするとよく出るのが「ネコやアルゴリズムに責任が取れるのか」という疑問だ。しかし、そもそも人間の政治家は責任を取れているのだろうか？　今の自民党の執行部には80代の後期高齢者がゴロゴロいる。彼らが社会保障や医療や年金や教育といった制度や政策を作っている。数十年先の社会にこそ影響を与える政策に、80代の政治家は一体どんな責任を取れるのだろうか？　結果が出る頃には確実に亡くなっているというのに。

ということは、人間政治家が責任を負えていると盲信することは、死者に責任追及できると言っているのに限りなく近くなる。言葉が通じず言葉も発さない死者は、一体どんな反省の弁を聞かせてくれるだろうか？　墓場に眠る人間が生きたネコや不眠不休のアルゴリズムより責任感に満ちていると信じる理由はどこにあるのだろうか？　もはや哲学的である。

夢みがちな無意識民主主義

こうして選挙はアルゴリズムになり、政治家はネコになる。国民の無意識下にうごめく一般意思に、データを通じてアクセスする、ネコの仮面を被ったアルゴリズム。それが無意識民主主義の神託を受け取る巫女《みこ》になる。

それは民主主義なのか？と疑問に思う人も多いだろう。確かに、今私たちが「民主主義」と聞いて思い浮かべる制度とは違っている。しかし、「民主主義」という理念や思想の具体化は、これまでも歴史を通じて大きく変わってきた。

「今日の民主主義の概念は、紀元前5世紀に考え出された概念とほとんど似ていない。仮に似ているところがあったとして。この事実に、ほとんど注意が払われていないことは驚くべきことである[*17]」

長い歴史を振り返ると、人類は民主主義のありえる様々な形を実験しつづけてきた。たとえば近現代の代議制民主主義の骨格を作る上で重要な役割を果たしたのは、11～12世紀にヨーロッパの一部（特に北中部イタリア）で群生した都市共和国だったと言われる。[*18] ただの都市でもただの国でもなく、都市国家であることが重要だった。単なる自治団体を超えて対外的に主権を持つ国と呼べるほどの力を持ったために、政治制度の発達が必要になった。同時に、都市に毛が生えたくらいの規模であるために、様々な仕組みを実験することができた。

いい例がイタリアのフィレンツェだ。13世紀半ばには、諸々のギルドが代表を執行部に送るようになり、これが制度化される。14世紀に入ると、この仕組みが複雑な選挙制度に置き換えられる。選挙を通じた代議制民主主義の萌芽である。こうした都市国家の試行錯誤が代議制民主主義の発見に繋がったらしい。

そこから700年を経て、民主主義の実験が再興しようとしている。**無意識民主主義のような思考実験や社会実験は先祖返りである。**

ブロックチェーン技術に支えられたWeb3の勃興で、選挙・合意のためのプロトコルや通貨・証券のデザインなど新しい政治経済制度を試すオンラインコミュニティが増殖している。*19 既存の自治体が独自の政治的意思決定システムや地域通貨システムを導入するのを助けるソフトウェア群を開発しようとする10代の若者たちの試みも勃興中で、瀬戸内海の島などで実験がはじまりつつある。[20] 熊本で勝手に新政府樹立を宣言したアーティストもいる。[21] こうした有象無象の独立コミュニティが無意識民主主義のぬか床になる。

無意識民主主義では、私たちはもはや意識的には決めない。無意識民主主義はしたがって、民衆をいったん諦めている。

だが、無意識データ民主主義は、反民主主義ではない。民主主義の自壊を喝采《かっさい》して石を投げる独裁的強者の意識的意思ではない。石を積んで民主主義に新たな道を与えようとする民衆の無意識の意思である。

およそ100年前にも民主主義は危機に瀕していた。ナチス台頭で間もなく自身もドイツから避難せざるをえなくなる政治学者・憲法学者ハンス・ケルゼンは、瀕死の民主主義を前に1932年にこう言った。

「民主主義者はこの不吉な矛盾に身を委ね、民主主義救済のための独裁などを求めるべきではない。船が沈没しても、なおその旗への忠誠を保つべきである。『自由の理念は破壊不可能なものであり、それは深く沈めば沈むほど、やがていっそうの強い情熱をもって再生するであろう』という希望のみを胸に抱きつつ、海底に沈みゆくのである」（ケルゼン『民主主義の擁護』[22]）

民主主義の再生に向けた民主主義の沈没、それが無意識データ民主主義である。[23]

おわりに：異常を普通に

「なぜ民主主義について考えてるんですか？」とある記者に聞かれたことがある。正直な答えは「他の記者の人に聞かれたから」という受け身で残念なものだ。でも、ちょっと考えてみると、もっと能動的で単純明快な理由も埋もれていることに気づいた。選挙や民主主義の現状が異常に見えるからだ。

もともと私の専門は民主主義とも選挙とも政治とも関係ない。データやソフトウェア、アルゴリズムなどのデジタル技術と社会制度・政策の共進化である。「意思決定や資源配分に使われるアルゴリズムをデータ駆動にデザインする手法」を作って、学術論文やソフトウェア、オープンデータなどにしている。

作った技術の実用もしていて、数十の企業・自治体・非営利団体と連携してきた。アメリカのニューヨーク市・シカゴ市や南アフリカ最大の医療NGOであるPraekelt財団などと一緒に、データに基づく教育・医療政策にかかわってきた。社会起業家が作った新しい教育カリキュラムの学校が昔ながらの公立学校より本当に教育効果が高いのか分析したり、経済的に恵まれない妊婦向けの医療情報提供アプリを作ったりといった活動だ。

サイバーエージェント・ZOZO・メルカリ・ソニー・ヤフージャパンなどの企業とも仕事をして、ファッションや広告などのおすすめアルゴリズムを開発したりもしている。こうしたアルゴリズムは今はウェブ産業やゲーム産業など一部でのみ広く使われている。だが、同じ技術が公共政策領域にも流れ込みはじめている。その結果起こるであろう、教育や医療をはじめとする公共政策の機械化・知能化に興味がある。

その視点から振り返ると、ふと疑問が湧く。私たちが日々使う商品やサービスは、ここ20〜30年で別世界になった。90年代にはポケベルで家族や友達と一行のテキストをやりとりするのがせいぜいだった。それが、今では動画や無数の協業ツールで別府温泉から地球の裏側のアメリカ東海岸の大学で働くことさえできる。情報・コミュニケーション・データ技術が作り出したこの激変が、人の手で作り出された天変地異であることに異論を唱える人はいないだろう。すばらしいことだ。

ただ、反省しなければならないこともある。そうした技術発展を公共領域、特に民主主義や選挙に反映していくことに人類は驚くほど失敗してきたことだ。投票や選挙のやり方は何十年間もほぼ変わっていない。日本ではネット投票すらいまだになぜか議論中で、政党が党内選挙でネット投票を導入すると先端的な試みとして報道されたりする。[*1] 何かおかしい。懐かしいセピア色の昭和が堂々とのさばっている今の選挙や政治の仕組みは異常である。病的である。

日本のような国の政治・選挙制度には競争も外圧もない。なので、当然といえば当然の停滞なのかもしれない。しかし、「生じるものはすべて、滅びるに値する」（ゲーテ『ファウスト』の悪魔メフィストフェレス）ことを思い出さなければならない。

では何を滅ぼすべきで、その代わりに何を作るべきなのか？

今の選挙と民主主義の故障の構造を探り、選挙制度を作り変えられないか内側から闘争したり、独立都市・国家へと逃走して新しい政治制度をゼロから手作りしたり、無意識データ民主主義の構想をデザインしたりしてみよう。

この本で取り組んだ課題やアイデアの多くは古い。私が考え出したことでも何でもなく、数百年も、下手すると数千年も前から、ずっと色々な形で変奏され、実験されてきた。民主主義に関する議論は同じ場所を何千年間もグルグル回りつづけていると言ってもいい。

ただ、同じ問題を取り巻く文脈や環境が変化したことで、同じ問題が違う表情を見せはじめた。数十年前までは、問題を解決する具体的で技術的に実現可能な代替案がなかった。１００年前だったらどうしようもなかっただろう。でも、今は雲行きが違う。意思決定のために使える情報・データの質量や計算処理能力は桁がいくつも変わってきた。それを使って意思決定するアルゴリズムを支えるアイデアや思想・理論も貯まってきた。そいつらを繋ぎ合わせて民主主義更新のためのサバイバル・マニュアルにしてみたのがこの本だ。

社会のビジョンやグランドデザインというと、政治家と経営者が出てきて大学生の期末レポートみたいなお話をするのがお決まりだ。だが、どうもしっくりこない。それよりサザエさん、ちびまる子ちゃん、闇金ウシジマくんのような作品の方がよっぽど具体的で息の長い日本人の生活ビジョンを与えている気がする。そういう作品を作ったのはそこらにいるただの市民である。選挙も民主主義もそれと同じであってほしい。どんな小さなものでもいいから、私たち一人ひとりが民主主義と選挙のビジョンやグランドデザインを考え直していくことが大事なのだと思う。

とはいえ、この本はちょっとただのビジョンすぎる気もする。「おしゃべりばかりか。ちょっとは具体的な取り組みや実践を見せてみろ」と言われそうだ。だが、そんな21世紀の人類っぽいことは言わないでほしい。

歴史を振り返っても、ルソーの『社会契約論』からマルクスの『資本論』まで、結果として最も影響力を持った構想や思想は最も実践が伴っていないものだという経験則がある。自室や図書館で鬱々と妄言を綴《つづ》る無力で口だけの想像者たちだ。この本はその悪しき伝統に倣《なら》ってみたい。口だけの私が実践者に見下され、嘲笑され現実に追い越されるのを楽しみにしている。

瀕死の民主主義を追い詰める「黒船」を自分たち自身で作り出せるのかが問われている。突っ込みどころだらけの惨めなこの本の試みが、そんな黒船のトイレの部品くらいにはなれることを願う。

「見当もつかないほど革命の目的が大きいので、革命は尻込みを何度もくり返す。尻込みしなくなるのは、どんな後戻りもできない状況になったときだ。するとその環境のほうが、こう呼びかける。

ここがロードス島だ。ここで跳べ！
ここにバラがある。ここで踊れ！」

（カール・マルクス『ルイ・ボナパルトのブリュメール18日』*2）

参議院選挙に向けた人間たちの時代遅れなお祭り騒ぎが
街中でくり広げられている2022年6月

成田　悠輔

脚　注

〈はじめに〉

＊1　総務省統計局「人口推計　2022年（令和4年）4月報」2022年4月20日

＊2　総務省「国会議員の選挙における年令別投票状況」

＊3　2021年衆議院選挙の出口調査によると、世代別の自民党の支持率は、
NHK：18・19歳：43％、20代：41％、30代：39％、40・50代：36％、60代：34％、70代以上：38％
朝日新聞：10代：42％、20代：40％、30代：37％、40・50代：35％、60代：33％、70歳以上：37％
日本経済新聞：10代：36.3％、20代：36.7％、30代：38.2％、50代：36.7％、60代：30.5％、70歳以上：31.6％

＊4　実際、19年の参院選では若者の投票率が上がっていたとしても選挙結果にはほとんど変化がなかったことを示すシミュレーションがある。
徐東輝「もし若者の投票率が上がっていたら参院選はどう変わっていたのか」（選挙ドットコム、2019年）

＊5　「出来損ないの小説」と口走ったことをお詫びする。日本語だけでも井上ひさし『吉里吉里人』、村上龍『希望の国のエクソダス』、島田雅彦『浮く女沈む男』といった独立国家小説がある。

＊6　堺屋太一『団塊の世代』（講談社、1976年）

＊7　余談だが、日本には政治家を描いた映画がフィクションでもノンフィクションでもほとんどない。絵になる政治家がいないことの表れだと思う。

＊8　Snyder, T. *On Tyranny: Twenty Lessons from the Twentieth Century.* Crown, 2017.（『暴政：20世紀の歴史に学ぶ20のレッスン』慶應義塾大学出版会、2017年）

〈第1章〉

＊1　Piketty, T. *Capital in the Twenty-First Century.* Harvard University Press, 2014.（『21世紀の資本』みすず書房、2014年）

＊2　Scheidel, W. *The Great Leveler: Violence and the History of Inequality from the Stone Age to the Twenty-First Century.* Princeton University

Press, 2018.（『暴力と不平等の人類史——戦争・革命・崩壊・疫病』東洋経済新報社、2019年）

＊3 Canfora, L. *La democrazia. Storia di un'ideologia*. Laterza, 2008.（*Democracy in Europe: A History of an Ideology*. Wiley-Blackwell, 2006）
橋場弦『民主主義の源流：古代アテネの実験』（講談社、2016年）

＊4 2021年の衆議院選挙で65歳以上の投票者が全投票者に占める割合は約42%と推定される。
総務省「国会議員の選挙における年令別投票状況」

＊5 余談だが、非効率と不合理だらけの大組織や大企業もまた、おそらくもうひとつの凡人至上主義的緩衝材である。

＊6 プラトン『国家〈上・下〉』（岩波文庫、1979年）

＊7 Rousseau, J. *Du Contrat Social*. 1762.（『社会契約論』岩波文庫、1954年）

＊8 Feldman, N. *The Arab Winter: A Tragedy*. Princeton University Press, 2020.

＊9 Sunstein, C. *#republic: Divided Democracy in the Age of Social Media*. Princeton University Press, 2017.

＊10 Levitsky, S., and D. Ziblatt. *How Democracies Die*. Crown, 2018.（『民主主義の死に方』新潮社、2018年）
Runciman, D. *How Democracy Ends*. Hachette Audio, 2018.（『民主主義の壊れ方』白水社、2020年）
Applebaum, A. *Twilight of Democracy: The Seductive Lure of Authoritarianism*. Signal Books, 2020.（『権威主義の誘惑：民主政治の黄昏』白水社、2021年）

＊11 Vanessa A. B., N. Alizada, M. Lundstedt, K. Morrison, N. Natsika, Y. Sato, H. Tai, and S. I. Lindberg. "Autocratization Changing Nature?" Democracy Report 2022. Varieties of Democracy (V-Dem) Institute (2022). Figure 4

＊12 第1章「故障」のデータ分析は以下の論文に基づく。
Narita, Y. and A. Sudo. "Curse of Democracy: Evidence from the 21st Century." Cowles Foundation Discussion Papers 2281R (2021).

＊13 Varieties of Democracy Project (https://www.v-dem.net)

＊14 ただし、非民主国家のGDP統計は過大報告されているのではないかという懐疑があることにも注意が必要である。最新の研究として Martinez, Luis Roberto. "How Much Should We Trust the Dictator's GDP Growth Estimates?" *Journal of Political Economy* (in press, 2022)

＊15　サポートページは下記の URL か
QR コードから進んでください。
https://www.sbcr.jp/product/4815615604/

＊16　Fitzgerald, F. S. *The Great Gatsby*, 1925.（『グレート・ギャツビー』新潮文庫、1989年）
余談だが、『グレート・ギャツビー』には複数の訳があり、この文章の訳も様々で味わい深い。

原文：one thing's sure and nothings' surer
the rich get richer and the poor get -children

こんなに確かなことはない
金持ちはもっと金持ちに――貧乏は子持ちになる
小川高義訳

何よりもまず確かなことがある
金持ちはますます金持ちになり
貧乏人はますます――子だくさんになる
村上春樹訳

こりゃまちがいない、何より確かだ
金持は金をもうけ、貧乏人は――子どもをもうける
野崎孝訳

＊17　Fukuyama, F. *The End of History and the Last Man*. Free Press, 1992.（『歴史の終わり〈上〉：歴史の「終点」に立つ最後の人間』、『歴史の終わり〈下〉：「新しい歴史」は始まり』三笠書房、2005年）

＊18　Fukuyama, F. *The Origins of Political Order: From Prehuman Times to the French Revolution*. Farra, Straus & Giroux, 2011.（『政治の起源〈上・下〉：人類以前からフランス革命まで』講談社、2013年）

＊19　"The Virus Comes for Democracy." *The New York Times*, April 2, 2020.

＊20　BBC "Brazil Carnival: 'Bolsonaro' Dancer Turned into Crocodile." April 26, 2022.

＊21　東島雅昌『民主主義の未来（中）「権威主義の優位」前提疑え』（日本経済新聞、2021年8月19日）
安中進『民主主義は権威主義に劣るのか？　コロナ禍における政治

体制の実証分析』(「中央公論」9月号、2021年、74-81頁)
石井大智「中国の強権主義、本当に民主主義よりリスクに強い？」(日経ビジネス、2021年12月15日)

＊22 "The Quest for Prosperity." *The Economist*, March 17, 2007.

＊23 20世紀までの数百年間の経済成長に民主主義が与えた影響に関する研究のまとめは、
Acemoglu, D., and J. A. Robinson. *Why Nations Fail: The Origins of Power, Prosperity and Poverty*. Profile Books, 2013. (『国家はなぜ衰退するのか〈上・下〉：権力・繁栄・貧困の起源』早川書房、2013年)
Colagrossi, M., D. Rossignoli, and M. A. Maggioni. "Does Democracy Cause Growth? A Meta-Analysis (of 2000 Regressions)." *European Journal of Political Economy*, 61 (2020): 101-824
Doucouliagos, H., and M. A. Ulubaşoğlu. "Democracy and Economic Growth: A Meta-Analysis." *American Journal of Political Science*, 52, no.1 (2008): 61-83.
Przeworski, A., M. E. Alvarez, J. A. Cheibub, and F. Limongi. *Democracy and Development: Political Institutions and Well-Being in the World, 1950-1990*. Cambridge University Press, 3, 2000. など。
これらの研究の一部は東島 (2022) が日本語で紹介している。
東島雅昌「民主主義と権威主義、どちらの『社会経済パフォーマンス』が上なのか？　データ分析が示す驚きの結果」(「現代ビジネス」講談社、2022年1月9日)

＊24 20世紀までの間、乳幼児死亡率などの公衆衛生指標に民主主義が与えた影響に関する研究には、以下のようなものがある。
Besley, T., and M. Kudamatsu. "Health and Democracy." *American Economic Review*, 96, no.2 (2006): 313-318.
Gerring, J., S. C. Thacker, and R. Alfaro. "Democracy and Human Development." *Journal of Politics*, 74, no.1 (2012): 1-17.
これらの研究の一部も注23の東島 (2022) が日本語で紹介している。

＊25 Autor, D. H., D. Dorn, and G. H. Hanson. "The China Shock: Learning from Labor-Market Adjustment to Large Changes in Trade." *Annual Review of Economics*, 8, (2016): 205-240.

＊26 Autor, D. H., D. Dorn, G. H. Hanson, and K. Majlesi. "Importing Political Polarization? The Electoral Consequences of Rising Trade Exposure." *American Economic Review*, 110, no.10 (2020): 3139-3183.

＊27　Lipscy, P. Y. "Democracy and Financial Crisis." *International Organization, 72-4*: 937-968.

＊28　ただし、日本は民主世界の中では異端であることに注意が必要である。欧米や南米の国々ほどの政治的分断は日本では生まれていないし、ネットやSNSの分断への影響も弱いとの分析がある。
田中辰雄・浜屋敏『ネットは社会を分断しない』(KADOKAWA、2019)
議論を活発化させる分断を作り出せていないことの方が問題だという見方もある。
三浦瑠璃『日本の分断』(文藝春秋、2021年)

＊29　CNN "Trump's 35% Mexico tax would cost Ford billions and hurt Americans." September 15, 2016

＊30　Bill Gates "The Next Outbreak? We're Not Ready." TED

＊31　PBS "Obama Team Left Pandemic Playbook for Trump Administration, Officials Confirm" May 15, 2020

＊32　MIT Covid Apps (https://covidapps.mit.edu)

＊33　技術環境が規定する移動・コミュニケーション速度と政治の相互作用を、歴史を遡って活写したポール・ヴィリリオ『速度と政治』の「時政学」の現在的変奏だ。
Virilio, P. *Vitesse et Politique*. Galilée, 1977.(『速度と政治』平凡社、2001年)

＊34　日経テレ東大学「【ひろゆき & 成田悠輔】日本衰退…真の理由！自民党で日本は復活できるのか？【衝撃グラビア】｜Re:Hack」(2021年12月26日)

＊35　アリストテレス『政治学』(岩波書店、1961年)

＊36　原田昌博『政治的暴力の共和国――ワイマル時代における街頭・酒場とナチズム』(名古屋大学出版会、2021年)

＊37　Gancarz, M. *The UNIX Philosophy*. Digital Press, 1995.(『UNIXという考え方－その設計思想と哲学』オーム社、2001年)

〈第2章〉

＊1　開高健『過去と未来の国々－中国と東欧』(岩波新書、1961年)

＊2　Bricker, D., and J. Ibbitson. *Empty Planet: The Shock of Global Population Decline*. Robinson, 2019.(『2050年 世界人口大減少』文藝春秋、2020年)

＊3　Rosling, H., O. Rosling, A. Rosling Rönnlund. *Factfulness: Ten Reasons We're Wrong About the World - Why Things Are Better Than You Think.* Flatiron Books, 2018.（『ファクトフルネス』日経 BP、2019年）

＊4　Kamijo, Y., A. Komiya, N. Mifune, and T. Saijo. "Negotiating with the Future: Incorporating Imaginary Future Generations into Negotiations." *Sustainability Science*, 12, no.3 (2017): 409-420.

＊5　シルバー民主主義によって本当に未来への政策投資が妨げられているのだろうか？　この問いに満足に答えるエビデンスは見つからない。これも政治学者や経済学者が取り組むべき未解決問題だ。教育投資や環境保護など未来への投資と高齢化の単純な相関関係に関するデータ分析はこの論文で紹介されている。

Georges, C., and L. Batté. "The Political Economy of Population Aging." *Handbook of the Economics of Population Aging* 1 (2016): 381-444.

＊6　時事通信「『こども庁』は時期尚早　高市早苗氏インタビュー―自民総裁選」2021年9月19日

＊7　日本経済新聞「麻生氏『私はさっさと死ねるように』終末医療で発言」2013年1月21日

＊8　Public Service Division "The Singapore Administrative Service."

＊9　Dal Bó, E., F. Finan, and M. A. Rossi. "Strengthening State Capabilities: The Role of Financial Incentives in the Call to Public Service." *Quarterly Journal of Economics* (2013)

＊10　こうしたインセンティブやガバナンスの効能と落とし穴には膨大な実践と研究の蓄積がある。

Milgrom, P. and J. Roberts, *Economics Organization & Management*. and Prentice Hall, 1992（『組織の経済学』NTT 出版　1997年）

＊11　以下の本も政治家への成果報酬を議論している。

Moyo, D. *Edge of Chaos: Why Democracy Is Failing to Deliver Economic Growth-and How to Fix It.* Basic Books, 2018.

＊12　Levy, R. "Social Media, News Consumption, and Polarization: Evidence from a Field Experiment." *American Economic Review* (2021)

＊13　成田悠輔「出島社会のすすめ――連帯ブランディングより幸福な分断を」（遅いインターネット、2021年2月1日）

＊14　宇野常寛『遅いインターネット』（幻冬舎、2020年）

鳥海不二夫、山本龍彦「共同提言『健全な言論プラットフォームに向けて―デジタル・ダイエット宣言 ver.1.0』」（KGRI Working Papers No.2、

2022年）

＊15 この背景にあるのは、Twitter の投稿表示アルゴリズムが多くの国で右派政治家・メディアを左派より大幅に優遇しているとのデータ分析結果だと思われる。
Huszár, F., et al., "Algorithmic Amplification of Politics on Twitter." *Proceedings of the National Academy of Science.*, 2022.

＊16 NHK「自民 比例候補73歳未満 若手のため維持を 岸田氏」2020年6月15日

＊17 イランの被選挙権
Iran Data Portal, "The Electoral Law For Parliamentary Elections." 2012
ブータンの被選挙権
National Assembly of Bhutan,"Election Act of the Kingdom of Bhutan, 2008."
カナダの任命の上限
Government of Canada, "1. Independent Advisory Board for Senate Appointments-Assessment Criteria." January 8, 2018.
ソマリアの任命の上限
那須俊貴「諸外国の選挙権年齢及び被選挙権年齢」. レファレンス (2015), 65 (12), 145-153.
ブラジルの選挙権
Superior Electoral Court, "Voting is compulsory for Brazilians aged 18 to 70." September 28, 2014.
バチカンの選挙権
カトリック中央協議会「コンクラーベ（Conclave）とは？」

＊18 Eshima, S., and D. M. Smith. "Just a Number? Voter Evaluations of Age in Candidate-Choice Experiments." *Journal of Politics* (in press), 2021.

＊19 政治家や有権者への定年は本当に選挙結果や政策選択を変える力を持つのだろうか？ この問いに満足に答えるエビデンスは見つからなかった。これも政治学者や経済学者が取り組むべき未解決問題である。

＊20 坂井豊貴『多数決を疑う』（岩波書店、2015年）

＊21 Demeny, P. "Pronatalist Policies in Low-Fertility Countries: Patterns, Performance, and Prospects." *Population and Development Review*, 12 (1986): 335-358.
井堀利宏、土居丈朗『日本政治の経済分析』（木鐸社、1998年）

＊22 “Hungarian Mothers May Get Extra Votes for Their Children in Elections.” *The Guardian*, April 17, 2011
＊23 Narita, Y. “Hearing the Voice of the Future: Trump vs Clinton.” RIETI Discussion Paper Series 19-E-025 (2019).
＊24 Založnik, M. “Here’s What Would Have Happened If Brexit Vote Was Weighted by Age.” *The Conversation*, July 4, 2016
＊25 知るぽると 金融広報中央委員会「家計の金融行動に関する世論調査」
＊26 液体民主主義
Blum, C. and C. I. Zuber. “Liquid Democracy: Potentials, Problems, and Perspectives.” *Journal of Political Philosophy* (2016).
日本でも民主主義DXスタートアップのLiquitousが液体民主主義の実用を目指している。
二次投票
Posner, E. A., and E. G. Weyl. *Radical Markets: Uprooting Capital ism and Democracy for a Just Society*. Princeton University Press, 2018.（『ラディカル・マーケット：脱・私有財産の世紀：公正な社会への資本主義と民主主義改革』東洋経済新報社、2019年）
分人民主主義
鈴木健『なめらかな社会とその敵』（勁草書房、2013年）
＊27 Fujiwara, T. “Voting Technology, Political Responsiveness, and Infant Health: Evidence from Brazil.” *Econometrica*, 83, no.2 (2015): 423-464.
＊28 Germann, M., and Serdült, U. “Internet Voting and Turnout: Evidence From Switzerland.” *Electoral Studies*, 47, (2017): 1-12.
＊29 Goodman, N., and L. Stokes. “Reducing the Cost of Voting: An Evaluation of Internet Voting’s Effect on Turnout.” *British Journal of Political Science*, 50, no.3 (2020): 1155-1167.
Mellon, J. T. Peixoto, and F. M. Sjoberg. “Does Online Voting Change the Outcome? Evidence From a Multi-Mode Public Policy Referendum.” *Electoral Studies*, 47 (2017): 13-24.
＊30 Hannon, M. “Are Knowledgeable Voters Better Voters?” *Politics, Philosophy & Economics* (2022)

〈第３章〉

＊1 Zucman, G. *The Hidden Wealth of Nations: The Scourge of Tax Havens.* University of Chicago Press, 2016.

＊2　Thiel, P. "The Education of a Libertarian." Cato Unbound, April 2009.

＊3　Sibilia, S. *L'incredibile storia dell'Isola delle Rose.* Netflix, 2020.（『ローズ島共和国』）

＊4　Taylor-Lehman, D. *Sealand: The True Story of the World's Most Stubborn Micronation and Its Eccentric Royal Family.* Diversion Books. 2020

＊5　千代田区「令和3年1月31日執行千代田区長選挙」

＊6　Way, M., and C. Way. *Wild Wild Country*. Netflix, 2018.

＊7　Quirk, J., and P. Friedman. *Seasteading: How Floating Nations Will Restore the Environment, Enrich the Poor, Cure the Sick, and Liberate Humanity from Politicians*. Free Press, 2017

＊8　Schumpeter, J. A. *Capitalism, Socialism, and Democracy.* Harper and Brothers, 1942.（『資本主義・社会主義・民主主義』東洋経済新報社、1995年）

＊9　山本圭『現代民主主義－指導者論から熟議、ポピュリズムまで』(中央公論新社、2021年)

Przeworski, A. "Minimalist Conception of Democracy: A Defense." In *Democracy's Value*, edited by Ian Shapiro and Casiano Hacker-Cordon. Cambridge University Press, 1999.

＊10　Dahl, R. A. *Who Governs?: Democracy and Power in an American City.* Yale University Press, 1961.（『統治するのはだれか－アメリカの一都市における民主主義と権力』行人社、1988年）

Dahl, R. A., I. Shapiro. *On Democracy*. Veritas Paperbacks, 2001（『デモクラシーとは何か』岩波書店、2020年）

＊11　"Do Not Allow Jeff Bezos to Return to Earth." Change.org

＊12　Hirschman, A. O. *Exit, Voice, and Loyalty: Responses to Decline in Firms, Organizations, and States*. Harvard University Press, 1970.（『離脱・発言・忠誠：企業・組織・国家における衰退への反応』ミネルヴァ書房、2005年）

〈第4章〉

＊1　総務省「国政選挙における投票率の推移」

＊2　無意識データ民主主義は「自動民主主義」や「拡張民主主義」といった構想と縁が深い。

Danaher, J. "The Threat of Algocracy: Reality, Resistance and Accommodation." *Philosophy & Technology* 29.3 (2016): 245-268.

Hidalgo, C. “Augmented Democracy: Exploring the Design Space of Collective Decisions.”
Himmelreich, J. “Should We Automate Democracy?” *Oxford Hand book of Digital Ethics*, 2022.
Susskind, J. *Future Politics: Living Together in a World Transformed by Tech*. Oxford: Oxford University Press, 2018.
東浩紀さんなどが構想している「一般意志2.0」にも通じる部分が多い。
東浩紀『一般意志 2.0　ルソー、フロイト、グーグル』（講談社、2015年）
＊3　文部省『民主主義』（KADOKAWA、2018年）
＊4　坂井豊貴『多数決を疑う』（岩波書店、2015年）
＊5　Przeworski, A. *Why Bother With Elections?*. Polity, 2018.（『それでも選挙に行く理由』白水社、2021年）
＊6　『# リアル選挙分析　参院選2019』（note、2019年8月9日）
＊7　かつて素朴すぎる民主主義（たとえば多数決の直接選挙）の危険性に気づいていた米国建国の父たちは、民主主義が機能するための社会の性質として「横断する亀裂（cross-cutting cleavages）」を構想した。論点・イシューごとにひっくり返る多数派と少数派は社会を横断する亀裂の具体化と考えることもできる。
Hamilton, A., J. Madison, and J. Jay. *The Federalist Papers*. 1788（『ザ・フェデラリスト』岩波書店、1999）
＊8　Christoph M. *Interpretable Machine Learning: A Guide for Making Black Box Models Explainable*. 2022.
＊9　Board of Governors of the Federal Reserve System “Review of Monetary Policy Strategy, Tools, and Communications.” August 27, 2020
＊10　Zheng, S., A. Trott, S. Srinivasa, N. Naik, M. Gruesbeck, D. C. Parkes, and R. Socher. “The AI Economist: Improving Equality and Productivity with AI-Driven Tax Policies.” arXiv: 2004. 13332 (2020).
＊11　Pinker, S. *The Better Angels of Our Nature: Why Violence Has Declined*. Brilliance Audio, 2011.（『暴力の人類史』青土社、2015年）
＊12　政治ドットコム「アメリカ大統領選挙に立候補した『猫』」2020年12月3日
＊13　NBC “Stubbs the cat serves as mayor of town.” (July 16, 2012)
＊14　“How the Yippies ‘Stuck It to the Man’ at the 1968 DNC.” History, August 26, 2020

"Most Votes for a Chimp in a Political Campaign." Guinness World Records
"'Bringing The Dart To Dingle' And 'Bringing The Olympics To Termonfeckin' -Dustin -The Poultry Party Election Posters." Irish Election Literature, July 20, 2010

＊15 Daras, G., and A. G. Dimakis. "Discovering the Hidden Vocabulary of DALLE-2." arXiv: 2206. 00169 (2022).

＊16 Zweig, S. *Joseph Fouché: Portrait of a Politician.* Viking Press, 1930. (『ジョゼフ・フーシェーある政治的人間の肖像』岩波書店、1979年)

＊17 Sartori, G. *The Theory of Democracy Revisited.* CQ Press, 1987.

＊18 木庭顕『デモクラシーの古典的基礎』(東京大学出版会、2003年)

＊19 Weyl, E. G., P. Ohlhaver, and V. Buterin, "Decentralized Society: Finding Web3's Soul" (2022)

＊20 ゲームチェンジ日本…芋虫大作戦…『改革案1「データドリブン・ネオ民主主義の実装」の概要』(note、2022年1月8日)
『改革案2「デジタル地方通貨による財政改革」の概要』(note、2022年1月10日)

＊21 坂口恭平『独立国家のつくりかた』(講談社、2012年)

＊22 Kelsen, H. *Vom Wesen Und Wert Der Demokratie.* 1920. (『民主主義の本質と価値 他一篇』岩波書店、2015年)

＊23 無意識民主主義は無数の疑問や未解決問題を投げかける。たとえば意識民主主義では鍵となる人々の意識的な熟議(deliberation)の問題だ。
Fishkin, J.S. *Democracy and Deliberation: New Directions for Democratic Reform.* Yale University Press. 1991
Habermas, J. "Three Normative Models of Democracy." *Constellations* (1994)
熟議は無意識民主主義とどのように連携するのか、しないのか? 熟議民主主義の弱点の一つは、熟議によってかえって思い込みや偏見を強めることがある点だ。
Sunstein, C. *Going to Extremes: How Like Minds Unite and Divide.* Oxford University Press, 2011. (『熟議が壊れるとき:民主政と憲法解釈の統治理論』勁草書房、2012年)
この弱点を無意識民主主義は補える可能性がある。無意識データ民主主義は人々の主観的民意に加えて客観的成果指標データを取り込んで意思決定するからだ。このように湧き出る無数の疑問への思考をいつかどこかでまとめたい。

〈おわりに〉

＊1　東京新聞「ネット投票導入へ、推進法案の意義は？　筆頭提出者・中谷一馬衆院議員に聞く」（2021年9月5日）
ネット投票を拒む障害（言い訳）の一つは「ネット投票を有権者本人が行っていて誰かに強制されたり操作されたりハックされたりしていないことを確かめるのが難しい」という問題だ。この障壁を乗り超えるためにもデジタル技術、特にブロックチェーンを用いたネット投票の匿名性と信頼性の担保が鍵になる。
Buterin, V. "Blockchain Voting is Overrated among Uninformed People but Underrated among Informed People." (2021)

＊2　Marx, K. *Der achtzehnte Brumaire des Louis Bonaparte*. 1852.（『ルイ・ボナパルトのブリュメール18日』講談社、2020年）

この本の内容の一部は以下のエッセイやインタビュー・講演に基づく。また、翻訳からの引用については、訳書に沿いつつ細かな表現を私が修正した箇所がある。

成田悠輔「選挙も政治家も、本当に必要ですか」（朝日新聞Globe+、2020年10月22日）

成田悠輔「民主主義やめますか？ それとも人間やめますか？」（「遅いインターネット会議」での講演＆討論、2021年6月8日）

成田悠輔「民主主義の未来（上）優位性後退、崩壊の瀬戸際に」（日本経済新聞、2021年8月18日）

成田悠輔「民主主義を「アップデート」する方法を考えよう」（News Picks、2021年10月21日）

成田悠輔「選挙は複雑な民意生かせない　民主主義実現したいなら」（朝日新聞、2021年10月26日）

成田悠輔「若者は選挙に行くより独立国を作るべし」（テレビ朝日「選挙ステーション」での謎の演説、2021年10月31日）

成田悠輔「The Curse of Democracy」（慶應義塾大学主催の国際シンポジウム「変容するメディア環境と民主主義の未来」での講演＆討論、2021年12月20日）

成田悠輔「DEEP INTERVIEW 民主主義の未来　資本主義の未来　全6話」（PIVOT、2022）

成田悠輔「さようなら民主主義？」（世界思想49号2022春）

成田悠輔「日本人がビジョンを持つには「サザエさん」か出家が必要だ」（elabo magazine vol.1『Fuel（燃料）』、2022年）

著者略歴

成田悠輔（なりた・ゆうすけ）

夜はアメリカでイェール大学助教授、昼は日本で半熟仮想株式会社代表。専門は、データ・アルゴリズム・ポエムを使ったビジネスと公共政策の想像とデザイン。ウェブビジネスから教育・医療政策まで幅広い社会課題解決に取り組み、企業や自治体と共同研究・事業を行う。混沌とした表現スタイルを求めて、報道・討論・バラエティ・お笑いなど多様なテレビ・YouTube番組の企画や出演にも関わる。東京大学卒業（最優等卒業論文に与えられる大内兵衛賞受賞）、マサチューセッツ工科大学（MIT）にてPh.D.取得。一橋大学客員准教授、スタンフォード大学客員助教授、東京大学招聘研究員、独立行政法人経済産業研究所客員研究員などを兼歴任。内閣総理大臣賞・オープンイノベーション大賞・MITテクノロジーレビュー Innovators under 35 Japan・KDDI Foundation Award貢献賞など受賞。

SB新書　586

22世紀《せいき》の民主主義《みんしゅしゅぎ》

選挙《せんきょ》はアルゴリズムになり、政治家《せいじか》はネコになる

2022年 7月15日　初版第1刷発行
2022年 7月22日　初版第3刷発行

著　者　成田悠輔《なりたゆうすけ》

発行者　小川 淳

発行所　SBクリエイティブ株式会社
〒106-0032　東京都港区六本木2-4-5
電話：03-5549-1201（営業部）

装　幀　杉山健太郎
本文DTP　米山雄基
カバー写真　小田駿一
イラスト　須山奈津希、まきむらゆうこ（P.214イラスト）
校　正　鴎来堂
制作支援　伊藤ちひろ、杉山侑吏、須藤亜佑美、高尾志結、吉田翔栄
はじめ多くの皆様
編集担当　多根由希絵
印刷・製本　大日本印刷株式会社　JASRAC 出2204016-201

本書をお読みになったご意見・ご感想を下記URL、
または左記QRコードよりお寄せください。
https://isbn2.sbcr.jp/15604/

ISBN 978-4-8156-1560-4